기획에서
기 획 을
덜어내라

**기획에서
기 획 을
덜**어내**라**

누구나 이미 선천적 기획자다!

기획에서 기획을 덜어내라

초 판 1쇄 발행 2018년 3월 20일
초 판 4쇄 발행 2021년 1월 30일
개정판 1쇄 발행 2023년 8월 30일

지은이 제갈현열, 김도윤
펴낸이 백광옥
펴낸곳 ㈜천그루숲
등 록 2016년 8월 24일 제2016-000049호

주소 (06990) 서울시 동작구 동작대로29길 119
전화 0507-0177-7438 팩스 050-4022-0784 카카오톡 천그루숲
이메일 ilove784@gmail.com

기획/마케팅 백지수
인쇄 예림인쇄 제책 예림바인딩

ISBN 979-11-93000-22-9 (13320) 종이책
ISBN 979-11-93000-23-6 (15320) 전자책

누 구 나   이 미   선 천 적   기 획 자 다 !

기획에서
기 획 을
덜어내라.

제갈현열, 김도윤 지음

천그루숲

이제 또는 다시,
기획을 시작해 보려는 당신에게

60번의 공모전 수상,

그 창의성을 인정받아 받은 대통령상까지!

광고, 마케팅, 홍보, 영상, 도서, 인터뷰, 교육, 사업 등

거의 모든 분야에 대한 기획을 하고,

이제는 누군가를 가르치기까지 하고 있다.

세어 보니 어느새 1,000번이 넘는 기획들,

어느 순간 수없이 받았던 제안들,

'기획' 책을 쓰자, '기획' 노하우를 전해 주자.

그럼에도 불구하고, 쉽게 펜을 들지 못했던 이유이자

4권의 책을 쓰면서 기획 책만은 쓰지 못했던 이유…

참, 오래도 걸렸습니다.

"기획은 배우는 것이 아니다" 이 한마디를 하기까지
"기획이 어려워서는 안 된다" 이 한마디를 확신하기까지
이제서야 그 말을 할 수 있기에, 확신했기에!
펜을 잡아 보려 합니다.

이제 기획을 시작하는 분들께!
다시 기획을 해보려는 분들께!

기획은 배우는 것이 아니라, 이미 해왔던 것이라고.
기획은 더하는 것이 아니라, 덜어내는 것이라고.
기획은 우리가 아주 오랫동안 이미 알고 있던 것이라고.
이 말 한마디를 전하려고 합니다.

제갈현열, 김도윤

C o n t e n t s

Part4 선:생각을 이어 이야기를 만든다

Part5 점:기획의 방점, 해결책을 찾다

Part 6 내가 알아 왔던 기획에 대한 고백

기획에 대한 이 책을 기획하며

《수학의 정석》같이 팔리는 책.
《수학의 정석》처럼 읽히지 않을 책.
누구나 읽어야 하는 책으로 만들고 싶었다.
기획은 사실 대부분의 사람들에게 필요한 능력이니까!

마음을 다잡고 매번 시작하지만 조금 지나면 손을 놓아버리는…
그래서 처음 '집합' 부분만 닳은,
그 뒤엔 너무나 깨끗한 책 《수학의 정석》.
수학을 어려워 하는 우리의 의지 문제라지만
수학을 너무 어렵게 설명한 책의 문제는 아니었을까?

수많은 '기획' 책들은 어떨까?
처음 몇 장은 쉽지만 갈수록 어려워지고 이내 손을 놓게 만드는,
기획이 어려워서가 아닌 분량을 맞추기 위해 채워 넣었던,
실제 기획에서는 거의 쓰이지 않은 복잡한 이론과 법칙들.

《수학의 정석》처럼 읽히다 이내 버려지고 잊혀지는 수많은 '기획' 책들.
그런 책을 쓰고 싶진 않았다.

가벼운 마음으로 들어, 가볍게 마무리 지을 수 있는
그런 책을 만들고 싶었다.
이 책이 그러하길 소망하며 기획했다.
《수학의 정석》처럼 많은 이들의 손에 들려지길!
《수학의 정석》과는 다르게 마지막 장까지 독자의 손때가 묻어 있길!

여기 당신이 앉아 있다.
나는 당신의 시간을 산 입장이다.
내가 산 시간은 1교시 분량, 50분
지금부터 이 시간으로
당신에게 기획의 모든 것을 이해시켜 보겠다.

PART 01

당신은 이미
기획을 하고 있었다

#01
(1)
누구나 살면서 한 번쯤은 기획을 해봤다!

기획의 거의 유일한 목적은 설득이다.

광고주를 설득해 수백억의 프로젝트를 따오든

팀장을 설득해 자신의 마케팅 안이 실행되게 하든

손님을 설득해 자신의 물건을 사게 하든

독자를 설득해 자신의 책을 읽게 하든

썸 타는 누군가를 설득해 사랑에 빠지게 하든

기획은 설득을 위해 존재하는 것이다.

<u>설득이 곧 기획이다.</u>

그런데

살면서 한 번이라도 타인을 설득해 보지 않은 사람이 있을까?

이 말은 누구나 살면서 한 번은 설득을 해봤다는 것이다.

이것은 누구나 살면서 한 번은 기획을 해봤다는 것이다.

다만 몰랐을 뿐이다.

<u>자신이 했던 그것이 '기획'이었다는 것을!</u>

설득은 곧 기획이다!
그걸 안다면,
기획을 몰랐다는 말은 거짓이 된다.

#01
(2)
누구나 살면서 한 번쯤은 기획을 해봤다!

설마 하는 당신에게, 당신의 과거로 대답한다.

살면서 부모님께 교재비를 뻥튀겨서

받아 보지 않은 사람이 몇이나 될까?

알면서 속아주는 부모님 사랑은 잠깐 뒤로 하고

우리는 보통 이런 말로 부모님을 속이곤 했다.

"엄마, 이번에 듣는 교수님 수업이 엄청 빡세.

이미 들었던 선배들 말로는 책 한 권을 가지곤 학점이 안 나온대.

최소 세 권의 책은 닳도록 보고 외워야 그나마 학점이 나온다네.

그래서 수강 포기를 하려고 했는데

선배들 말로는 교수님이 이 분야에서 엄청 유명하대.

인맥도 넓고, 수업 열심히 듣는 제자들은

좋은 기업에 추천도 많이 해주나 봐.

눈도장 찍으려면 아무래도 이 수업 들어야 할 것 같은데,

사실 책 3권 공부하는 것도 부담스럽고, 어쩌지 나?"

이 말을 듣고 그 수업 듣지 마라는 부모님이 있을까?

대부분은 이렇게 이야기 하지 않을까?

"얘는, 학생이 공부가 힘들다는 게 말이나 돼?

그렇게 좋은 교수님이면 무조건 들어야지.

열심히 들어서 눈도장 확실하게 받아야지.

허튼 소리 말고 그 수업 들어!"

자, 여러분은 이제 술값으로 탕진할 몇 만 원의 비자금이 생겼다.

<u>이렇게 여러분은 평소에 누군가를 설득해 왔었다.</u>

<u>그렇게 여러분은 하나의 기획을 훌륭히 완성하곤 했었다.</u>

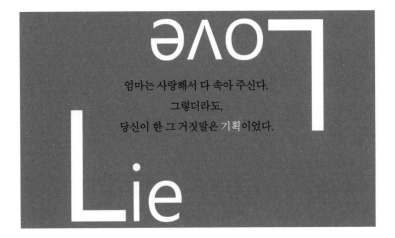

Love

Lie

엄마는 사랑해서 다 속아 주신다.
그렇더라도,
당신이 한 그 거짓말은 기획이었다.

#01
/(3)
누구나 살면서 한 번쯤은 기획을 해봤다!

이 아무것도 아닌 에피소드에 기획의 요소가 이미 모두 들어 있다.
기획의 가장 본질적인 뼈대를 기준으로 다시 살펴보자.

"이번에 듣는 교수님 수업이 엄청 빡세."

→ 상황분석

"이미 들었던 선배들 말로는 책 한 권을 가지곤 학점이 안 나온대."

→ 문제점 발견

"최소 세 권의 책은 닳도록 보고 외워야 그나마 학점이 나온다네."

→ 해결책 제시

"그래서 수강 포기를 하려고 했는데 선배들 말로는 교수님이 이 분야에서 엄청 유명하대. 인맥도 넓고, 수업 열심히 듣는 제자들은 좋은 기업에 추천도 많이 해주나봐. 눈도장 찍으려면 아무래도 이 수업 들어야 할 것 같은데, 사실 책 3권 공부하는 것도 부담스럽고, 어쩌지 나?"

→ 기획 당위성 제시

이렇게 보면 어떠한가?

기획의 요소가 모두 갖춰져 있지 않은가?

수많은 기획을 해오며 가르치며

기획을 모른다는 사람들의 이야기를 귀담아 들으며 확신한 것은

<u>기획을 모르는 사람은 없었다는 것이다.</u>

<u>그것이 기획인지 몰랐던 사람만 있었을 뿐!</u>

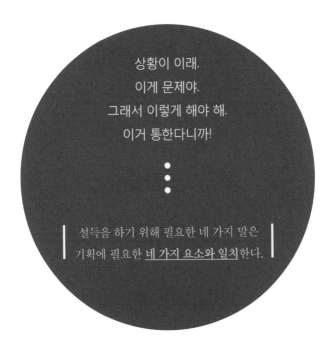

상황이 이래.
이게 문제야.
그래서 이렇게 해야 해.
이거 통한다니까!

⋮

설득을 하기 위해 필요한 네 가지 말은
기획에 필요한 <u>네 가지 요소와 일치</u>한다.

#02 / (1)
당신에게
기획이 어려웠던 이유

'주객전도'

뇌가 무언가를 인식하기 위해서는 도구가 필요하다.

사물을 인식하기 위해서는 눈이란 도구가,

수학을 인식하기 위해서는 공식이란 도구가 필요한 것처럼

교재값 횡령을 '기획의 4요소'란 도구를 통해

기획으로 인식한 것처럼

기획은 늘 해왔던 것인데 이를 인식하는 것에는 도구가 필요했다.

풍경을 담기 위해 카메라를 사용한 것처럼 말이다.

문제는 우리의 시각이

점차 풍경이 아닌 카메라로 향했다는 데 있다.

카메라는 점차 복잡해지고 다양해졌다.

수백 가지 종류의 카메라에서 그보다 많은 렌즈까지…

지금도 매년 수십 가지 다른 기능의 카메라와 렌즈가 나온다.

마치 그것을 모두 알아야만 풍경을 담을 수 있을 것 같은 착각.

기획에서 기획을 덜어내라

정작 바라봐야 할 것은 눈앞의 풍경인데

계속 쏟아져 나오는 카메라의 종류와 기능만 외우려는 시도들.

김중만이 일회용 카메라로 찍은 풍경이

일반인이 최고급 카메라로 찍은 풍경보다 나은 이유.

김중만은 풍경이란 본질을 보았고

일반인은 카메라란 도구만을 보았기 때문이다.

기획이란 본질을 보지 않고

그걸 설명하려는 복잡한 이론과 법칙만을 보는 것.

이런 '주객전도'가 기획을 어렵게 만든 첫 번째 이유이다.

기획에 장비병이 들었다.
기획이 어려워졌다.

#02 / (2) 당신에게 기획이 어려웠던 이유

무지가 주는 두려움,

두려움은 무지에서 출발한다.

어려움 역시 마찬가지다.

모르는 것을 사람들은 어렵다고 표현한다.

기획을 이미 했었다는 것을 알지 못하는 무지가

기획은 이제 해야 하는 것이란 전제를 만들었다.

누구나 배움은 서툴다.

배움에는 늘 시작이 있게 마련이고

시작에는 늘 어설픔이 따라야 하니까!

<u>그 어설픔을 만든 당신의 무지가</u>

<u>기획을 어렵게 만든 두 번째 이유이다.</u>

쉽게 말해

기획을 이제 배우고, 시작해야 한다는

당신 스스로의 판단이 기획을 어렵게 만들었다.

초보 운전

저도 제가 무서워요 ㅠㅠ

초보 운전자의 하소연 '저도 제가 무서워요'

무경험자라는 생각이 <u>어설픔과 서툼을</u> 만든다.

#02 / (3) 당신에게 기획이 어려웠던 이유

'우리 시대의 역설'이란 시의 한 구절.

'전문가는 늘었지만 문제점은 더욱 늘었다'

배우는 것이 되는 순간, 가르쳐야 하는 사람이 탄생한다.

가르치는 이가 많아지면 교육이 되고,

교육에는 규칙과 법칙이 필요하다.

기획은 이렇게 학문적 영역으로 진입했다.

그 영역을 전문으로 하는 전문가들이 생겼다.

그리고 그 전문가들이 모두 망쳐놨다.

그들이 전문가 소리를 계속 들으려면

기획은 계속 어려워야만 하니까!

그들의 욕심대로 기획은 어느 순간 학문으로 고정되어 버렸다.

한때 그렇게 기획을 학문적으로 접근했던 기업들도 있었다.

하지만 기업은 빨리 깨달았다.

기획의 본질이 가진 단순함을!

기업은 시속 100km로 움직여야 하니까.

기획에서 기획을 덜어내라

하지만 교육은 그렇게 하지 못했다.

그들은 10km의 속도로 움직이니까.

대학생의 기획이 실무의 기획보다 더 올드해진 이유가 여기에 있다.

기획을 학문으로 배우고, 패턴으로 배우는 사이

기획은 어려워지고 늙어갔다.

거기엔 전문가라는 일자리와

교육사업이란 돈 자리가 만든 상아탑이 있었다.

'우리 시대의 역설'처럼

기획 전문가는 많아졌고, 기획은 어려워졌다.

많은 사공은 배를 산으로 가게 만든다.
많은 전문가는 문제를 어렵게 만든다.

#03 이제는 돌아가거나, 새롭게 시작해야 할 때

나는 당신이 누구라도 관여치 않겠다.

공모전에서 상을 받고 싶은 대학생이든

마케팅 회사에 입사를 원하는 취준생이든

이미 실무에서 치열하게 기획을 하는 직장인이든

창업 혹은 장사를 하고 싶어 고민하는 창업가이든

어찌되었건 거의 대부분의 사람들은 누군가를 설득해야 하니까.

그러기 위해선 기획이라는 것이 필요할 테니까.

다만 이 책을 읽는 당신에게 제안하려 한다.

<u>이미 배웠다면 '이제는 돌아봐야 할 때'라고!</u>

<u>아직이라면 '이 새로운 이야기에 귀 기울여 보라'고!</u>

지금부터 나는

기획이 얼마나 단순한지

얼마나 배울 것이 없는지

하지만 얼마나 많은 생각을 해야 하는지를 이야기할 것이다.

기획에서 기획을 덜어내라

이 글 끝에

'기획 별거 아니네'

'내가 지금껏 했던 거네'

'외우기보단 사람을 만나야겠네'

'PPT를 만들기보다 커피 한 잔의 여유를 가져야겠네'라고

결심하게 될 여러분들을 상상하며!

다시 돌아가거나

새롭게 시작하거나

PART 02

'그녀'를 통해
기획을 배우다

#01 강의실에서 마주친 그녀가
당신의 상상을 완성할 때

(1)

창밖도 마음도 봄에 물든 3월.

첫 수업시간, 옆자리의 그녀가 당신의 눈에 들어왔다.

믿을 수 없게도 그녀는 당신의 상상 그 자체였다.

가슴이 뛴다.

순간 머릿속엔 그녀와의 장밋빛 미래가 그려진다.

함께 손을 잡고 벚꽃을 구경하고

여름에는 물놀이를

가을에 단풍놀이를 지나

함께 보낼 로맨틱한 크리스마스까지…

당신이 상상했던 모든 연애는 그녀로써 완벽해질 것처럼 보인다.

그녀에게 눈을 떼지 못하는 당신은 이제 고민을 시작한다.

<u>어떻게 하면 그녀와 사귈 수 있을까?</u>

그렇게 당신은

기획의 시작점에 서게 된다.

기획에서 기획을 덜어내라

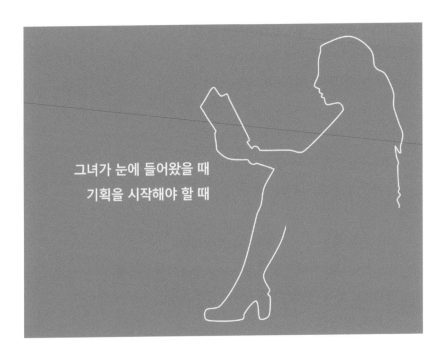

그녀가 눈에 들어왔을 때
기획을 시작해야 할 때

#01
강의실에서 마주친 그녀가
당신의 상상을 완성할 때
(2)

기획의 시작은 도착지점을 희망하는 것,

기획의 시작은 욕구의 발견이다.

무엇을 해결하고 싶은가에 대한 욕구,

나아가

그것을 해결하면 무엇을 이룰 수 있게 되는가에 대한 희망,

그래서 기획은 도착지점을 희망하는 것으로부터 출발한다.

그 욕구가 자의든 타의든 말이다.

자기 일을 하는 사람은 자기욕구의 발견이

공모전을 하는 사람은 공모전의 목표점을 이해하는 것이

마케팅을 하는 사람은 결정권자의 욕망을 받아들이는 것이

기획의 시작이다.

자칫 당연해 보이는 이 사실을 많은 이들은 놓친다.

처음이 부족하니 다음도 없어진다.

기획에서 기획을 덜어내라

그래서 기획의 시작을

STP니 SWOT이니 하는 이론들로부터 시작하려 한다.

그렇게 다시 기획은 어려워진다.

명심하자.

<u>기획의 시작은 도착지점의 명확한 인지임을!</u>

그것이 되어야 자연스럽게 아주 쉬운 다음으로 넘어갈 수 있다.

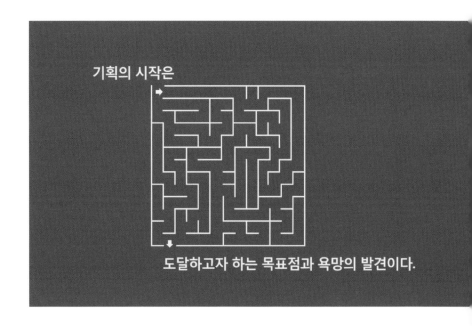

기획의 시작은

도달하고자 하는 목표점과 욕망의 발견이다.

#02 / (1) 어떻게 하면 그녀와 사귈 수 있을까?

하늘이 도왔는지, 그녀와 당신은 조별과제에서 같은 조가 되었다.

아직 서먹서먹한 조별 첫 만남,

당신의 머릿속이 여느 때보다 빠르게 움직인다.

'그녀의 이름은 뭐지?'

'처음 보는데, 우리 과가 아닌가?'

'남자 친구는 있을까?'

'몇 살일까?'

이윽고 당신이 입을 연다.

"반가워요. 저는 현열입니다. 이름이 뭐예요?"

"아, 경영학과는 아니신 거 같은데 과가?"

"몇 학년이에요?"

훌륭하다.

<u>당신은 지금 상황분석을 하고 있다.</u>

기획에서 기획을 덜어내라

?

그녀가 궁금하다면 …

시작되었다. 상황분석이!

#02
(2)
어떻게 하면
그녀와 사귈 수 있을까?

확실한 목표의 인지는 질문을 만든다.

당신이 그녀에게 질문을 하는 이유는 무엇인가?

그녀에게 호감이 있고, 그녀와 사귀고 싶은 욕구가 있기 때문이다.

무엇보다 그녀와의 연애라는 명확한 목표를 가지고 있기 때문이다.

기획 역시 마찬가지다.

목표지점을 인지하면

우리의 뇌는 자연스럽게 하나의 기호를 던진다.

물음표라는 기호,

물음표는 질문이 된다.

모든 질문에는 그에 맞는 답이 있게 마련이다.

그 답들은 목표점에 가기 위해 필요한 정보가 된다.

어떤 답들은 쓸모가 없고

어떤 답들은 의미가 없어 보이지만

그건 전혀 중요하지 않다.

알아간다는 건 필요한 것만 찾는 것이 아니라

알아낸 것 중 필요한 것만 선별한다는 뜻이니까!
이것만 기억하면 누구나 기획을 시작할 수 있다.
궁금해서 알아가기 위해 질문하는 것, 그게 시작이니까!

상황분석을 하기 위한 복잡한 공식이나 이론들이
들어설 자리가 없어진다.
그 자리에 자연스러움이 묻어나게 된다.
그렇게 기획은 시작부터 한결 가벼워지게 된다.

질문에 답을 구한다는 것
상황이 점차 머릿속에 들어온다는 것!

#03
그녀를 알아가다 보니, 문제가 생겼다
(1)

보름이 지났다. 그 사이 제법 그녀와 친해졌다.
친해짐은 좀 더 사적인 질문을 던지게 만든다.

"혜연 씨, 남자친구는 있어요?
진짜요? 혜연 씨 같은 분이 왜 없을까요?
아, 아직 좋은 사람을 못 만나셨구나.
그럼, 어떤 사람이었으면 좋겠어요? 외모? 성격?
좋아하는 것을 같이 공유할 수 있는 사람이요?
어떤 걸 좋아해요, 그럼?
아, 한때 영화 쪽 일을 생각할 만큼 영화보는 걸 좋아하는군요.
저요? 뭐, 영화 싫어하는 사람이 있나요, 하하."

문제는 영화 싫어하는 사람의 대표적인 인물이 당신이라는 것이다.
여행을 좋아하고 움직이는 걸 좋아하는 당신.
앉아서 무작정 보기만 하는 영화는 도저히 정이 안가는 당신.

기획에서 기획을 덜어내라

천만 관객이 넘는 영화도 잘 보지 않는 당신.

그녀는 이상형이지만, 그녀의 이상형과는 거리가 먼 당신.

더 이상 질문을 못하고, 혼자 하는 고민들이 늘어간다.

지금 당신은 상황분석이 끝나는 지점.

문제점 발견에 도착했다.

그녀와 사귈 수 없다…
질문이 멈추었다.

#03
/(2)
그녀를 알아가다 보니, 문제가 생겼다

기획에서 질문은 문제점을 발견하는 순간 멈춘다.
목표했던 곳을 막는 장벽이 발견되는 순간,
질문은 자연스럽게 멈추게 된다.
더 이상 질문을 던질 이유가 없어졌기 때문이다.
애초에 목표에 도달하기 위해 질문한 것이니까!
목표를 막는 방해물을 보게 되면 당연히
또 다른 질문이 아니라, 그 방해물에 대해 고민하기 마련이다.
그 방해물을 제거해야 목표에 도달할 수 있다는 걸
이미 알고 있기 때문이다.

〈목표 설정 – 상황분석 – 문제점 발견〉

기본적으로 배워왔던 기획의 이러한 단계는
이처럼 배우는 것이 아니라,
자연스러웠던 사고의 방식일 뿐이다.

기획에서 기획을 덜어내라

■ ■ ■

질문은 문제를 마주하는 순간 침묵한다.
기획은 그렇게 진행된다.

#04 / (1) 술 한잔 하자. 비상사태다

그녀의 연애 성향을 들은 당신은 친한 친구를 부른다.
세상 다 잃어진 심각한 표정으로 술잔과 함께 하소연이 시작된다.

"내가 듣는 수업에 마음에 드는 여자가 있어.
운 좋게 같은 조라 이야기를 많이 해봤거든.
이름은 혜연이고, 나이는 24살, 국문학과에 다니고 있더라고.
다행히 남자친구는 아직 없고.
보름 동안 최대한 젠틀한 척, 쿨한 척,
오만 노력을 다해 친해지긴 했는데
오늘 남자 이야기를 하다가 멘붕이 왔어.
얘가 사귀고 싶은 사람은 취미를 공유할 수 있는 사람인데
남들보다 영화 쪽에 관심이 아주 많더라고.
근데 너도 알다시피 내가 영화엔 진짜 관심이 없잖아.
사적으로 만나야 썸을 타든, 고백을 하든 할 텐데…
만날 구실이 없어. 이거 어쩌지?"

기획에서 기획을 덜어내라

이렇게
당신은 <u>기획을 시작하는 사람이 가장 힘들어 한다는</u>
<u>썰을 풀기 시작했다.</u>

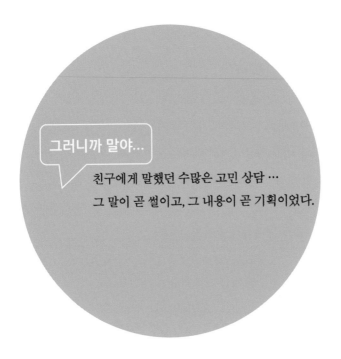

그러니까 말야...

친구에게 말했던 수많은 고민 상담 …
그 말이 곧 썰이고, 그 내용이 곧 기획이었다.

술 한잔 하자. 비상사태다

기획을 가르치며 가장 많이 들었던 질문 또는 하소연.
<u>"기획, 어떻게 시작해야 하나요?"</u>
이제 가장 단순한 대답을 하려 한다.

"목표점을 생각해 봐."
"그 목표에 대해 수많은 질문을 던져봐."
"질문하다 보니 그 목표에 대한 걸림돌이 나왔니?"
"자, 이제 내게 지금까지의 과정을 설명해 봐."
"너가 한 설명, 그게 기획의 시작이야. 기획의 썰이고!"

질문을 통해 문제점을 발견하는 순간,
뇌는 자연스럽게 그동안 질문으로 알아왔던 사실들을
문제점을 중심으로 새로 구성하게 된다.
이는 뇌의 기본능력이다. 정보를 연결시켜 해석하는 능력,
우리가 뇌에게 줘야 할 것은 두 가지뿐이다.

필요한 만큼의 정보와 한 가지의 문제점!
그것만 주면 뇌는 알아서
그간의 정보를 하나의 이야기로 만들어 갈 것이다.
당신이 해야 하는 일은
그렇게 주어진 정보를 입밖에 꺼내면 된다.
그동안 정보들은 좀 더 튼튼하게 서로 연결될 것이고
말하는 사이 어색한 흐름들은 알아서 교정될 것이다.

Start

기획을 시작하는 가장 단순한 방법

하고 싶은 것 발견하기
하기 위한 질문하기
하지 못할 이유 발견하기

#**04** /(3) 술 한잔 하자. 비상사태다

"이게 다야?"

"설마?"

그 설마가 맞다. 이게 전부다.

고민 상담 한 번 해보지 않은 사람이 있는가?

<u>고민 상담의 흐름은 기획의 흐름과 동일하다.</u>

고민 상담에는 해결하고 싶은 문제가 있고,

그 문제상황을 전달해야 하는 친구가 있다.

기획 역시 설득을 위해 해결해야 할 문제점이 있고

그 문제상황을 설명해야 하는 청자가 있다.

고민 상담을 시작할 때 어떻게 시작했는가?

이론으로 시작했는가? 아니면 법칙으로 시작했는가?

배워서 시작했는가? 공부한 후에야 할 수 있게 되었는가?

고민에 대해 당신이 던진 수많은 질문들,

그 질문으로 알게 된 고민에 대한 여러 상황과 문제점.

그렇게 자연스레 연결된 하나의 이야기들,

<u>누군가에게 고민을 털어놓아 본 적이 있는 사람은</u>
<u>그 횟수만큼 기획의 썰을 풀어 본 사람이다.</u>

내가 관여했던 천 번의 기획 중

이렇게 썰을 시작하지 못했던 기획은 단 한 번도 없었다.

천 번의 경험으로 확신한다.

이 단순함으로 시작하지 못한 기획은 없음을!

#04 ₍₄₎ 술 한잔 하자. 비상사태다

다시 술자리로….

그녀에 대한 고민을 들은 친구가 말했다.

"그러니까 니 말은 영화광인 썸녀와 잘되고 싶다는 거네.

그러기엔 넌 영화엔 젬병이란 거고…

근데, 굳이 너가 영화를 좋아해야 하나?

정 들면 나쁜 사람 없다고, 우선 사적으로 친해지면 되는 거 아닌가?

니 목적은 그 썸녀 마음을 얻는 거지,

그 썸녀 같은 영화광이 되는 건 아니잖아.

영화 좋아하는 사람이면 봉준호 감독은 당연히 알겠네.

우리 외삼촌이 영화 배급사에서 일하거든.

이번에 봉준호 감독 새 영화 나오는데

개봉 전 VIP 시사회를 한단 말이야.

내가 부탁해서 두 자리 구해볼 테니까,

넌 그걸 구실로 데이트 신청해."

기획에서 기획을 덜어내라

다음날 어렵게 두 자리를 구했다는 친구의 연락을 받았고
당신은 그녀에게 함께 영화를 보러 가자는 제안을 했다.
크게 기뻐하며 저녁은 자기가 산다는 말까지 하는 그녀.

기회를 만들었고, 기회를 잡았다.
자, 이렇게 당신의 기획은 끝이 났다.

그녀가 거부할 수 없는 제안을 만들었을 때
그녀를 얻는다. 그의 기획은 끝이 난다.

#05
(1)
그녀를 향한 문제해결은 곧 기획의 마무리

기획이 존재하는 이유는 해결해야 할 문제가 있기 때문이다.

해결해야 할 문제가 정리되는 순간

하나의 기획은 마무리를 맺는다.

교집합이 없던 그녀와 교집합을 만드는 순간

연애의 기획은 끝이 난다.

마찬가지로

손님이 오지 않는다는 문제가 해결되는 순간

영업의 기획은 끝이 나고,

클라이언트가 만족할 만한 슬로건을 만드는 순간

광고의 기획은 끝이 난다.

한 번의 기획은

하나의 문제점과

하나의 해결책을 만들 때 끝이 난다.

The End

모든 영화에 엔딩이 존재하듯
문제점을 해결하는 순간 기획이란 영화는 끝이 난다.

#05 그녀를 향한 문제해결은
(2) 곧 기획의 마무리

만약, 당신이 다른 친구와 술자리를 가졌다면 어땠을까?
그 친구가 봉준호 감독과 연결고리가 없는 친구라면?

"차라리 영화에 대해 알고 싶다고 계속 물어봐.
자기 취미에 관심있어 하는 사람을 싫어하는 사람 있겠어?"
"야, 어차피 사람은 좋아하고 나서야 이유를 생각하는 동물이야.
우선 조별과제에서 니가 보여줄 수 있는 최고의 모습을 보여줘.
학기가 끝날 즈음엔 너의 리더십에 호감이 생길 만큼 말야."
"다른 공통 관심사를 찾아보는 건 어때?
영화만 보며 사는 건 아닐 거 아냐?
어느 한쪽이 준비하는 것보다 둘 다 준비된 주제가 쉽지 않아?"

친구마다 저마다의 의견이 있을 것이다.
같은 문제에 대해 그들은 각기 다른 답을 말할 것이다.

이처럼 하나의 문제점은 한 가지 해결책만 가지고 있지는 않다.
문제를 해결하는 방식은 외길이 아닌 갈림길이다.
그 갈림길이 기획의 다양성을 만든다.
이것이 동일한 마케팅 목표에도
10명의 사람이 각기 다른 기획을 할 수 있는 이유다.
해결책은 다양하다.
그것이 기획의 다양성을 만든다.

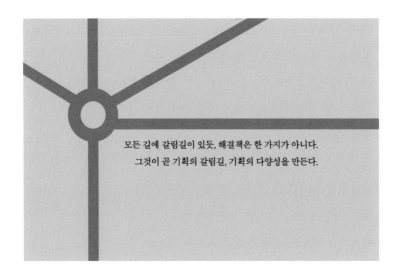

모든 길에 갈림길이 있듯, 해결책은 한 가지가 아니다.
그것이 곧 기획의 갈림길, 기획의 다양성을 만든다.

#05 그녀를 향한 문제해결은 곧 기획의 마무리
(3)

그렇다면 최고의 해결책이란 무엇일까?

결론부터 말하자면

<u>최고의 해결책은 과정이 아닌 결과로 증명된다.</u>

VIP 시사회를 가는 것이 최고의 해결책인가?

영화에 대해 지속적으로 물어보는 것이 최고의 해결책인가?

영화가 아닌 리더십으로 마음을 잡는 것이 최고의 해결책인가?

다른 공통 관심사를 찾아보는 것이 최고의 해결책인가?

알 수 없다.

해결책의 목적은 말 그대로 문제를 해결하는 데 있다.

해결이란 과정이 아닌 결과의 몫이다.

해결책을 해보기 전에는 결과를 알 수 없으니까!

결국 결과적으로 성공한다면,

그녀의 마음을 얻을 수 있다면,

그 방법이 최고의 해결책이다.

기획에서 최고의 해결책은 한 가지로만 평가받는다.
문제를 해결해서 최초의 목적을 이루는 것,
그 한 가지!

그녀를 얻을 수 있는 아이디어가 곧 최선이다.
이렇듯 해결책은 결과로만 평가된다.

#06 / (1) 여기까지 온 당신에게 다시 묻는다. 기획은 어떻게 하지?

평범한 일상에 갑자기 찾아온 그녀처럼

목표점이 생기는 순간 기획은 시작된다.

목표는 질문을 만들고 질문은 상황을 알게 한다.

그 과정에서 목표를 방해하는 문제점이 발견된다.

이를 해결할 수 있는 방안이 마련되고 문제는 해결된다.

기획은 이렇게 시작하면 된다.

아니, 기획을 이렇게 시작하며 살아왔다.

거듭 말하지만, 우리는 이미 이 과정을 알고 있었다.

알게 된 것은 전문적으로 배워서가 아니다.

단지 우리가 그런 유전자를 타고 난 인간이기 때문이다.

인간이란 언제나 만족을 모르니까.

문제를 발견하고, 그걸 해결해야 직성이 풀리는 것이

인간만이 가진 본성이니까.

기획에서 기획을 덜어내라

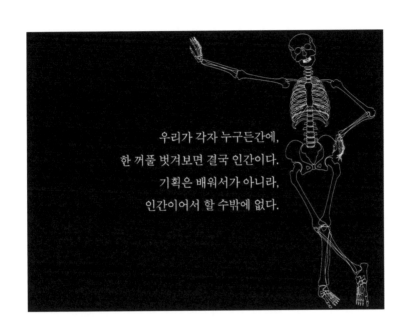

우리가 각자 누구든간에,
한 꺼풀 벗겨보면 결국 인간이다.
기획은 배워서가 아니라,
인간이어서 할 수밖에 없다.

#06
(2)
여기까지 온 당신에게 다시 묻는다.
기획은 어떻게 하지?

도구를 가진 자는 도구를 탐하지 않는다.

당신은 이미 기획을 가졌다.

경험이 그러하고

본능과 유전자가 그러하다.

그런 당신에게는 무엇이 필요할까?

기획의 흐름은 저리도 단순했기에

기획의 뼈대는 저렇게 자연스러웠기에

흐름에 대한, 뼈대에 대한 이야기는 무의미해 보인다.

<u>질문과 문제, 그리고 해답</u>

<u>기획에 관철되는 이 세 가지 도구를 당신은 이미 가지고 있다.</u>

도구를 가진 자는 도구를 탐하지 않는다.

그 도구를 사용하는 방식을 탐한다.

어떠한 질문을 할 것인가?

질문의 답은 어떻게 결정할 것인가?

문제점에 대한 확신은 어떻게 가져올 것인가?

문제점의 중요도는 어떻게 따질 것인가?

문제를 해결하는 답은 어디에서 오는가?

결국 사고에 대한 고민이다.

기획은 PPT에서 만들어지는 것도

외워야 할 이론들에서 만들어지는 것도 아니다.

기획은 처음부터 마지막까지 사고에서 만들어진다.

이제부터 내가 힘주어 전할 이야기도,

결국 이 사고에 대한 이야기다.

도구가 아닌 방법에 대한 이야기!

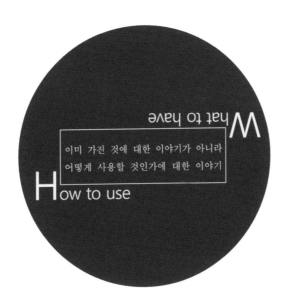

#07 이제부터의 이야기. 면·선·점에 대한 이야기

사고라는 것은 형체가 없다.

형체가 없는 것을 설명하는 것은 쉬운 일이 아니다.

그래서 나는 '기획'이란 사고를 설명하기 위해 형체를 입히려 한다.

직관적 전달을 위해서 말이다.

그 형체는 다음과 같다.

'기획은 머릿속에서 일어나는 면·선·점의 작업이다.'

'해결해야 될 욕구가 생겼을 때 기획은 시작된다.'

'욕구는 질문으로 이어져 대상을 파악하게 만든다.'

'질문을 통한 대상의 이해는 면의 영역이다.'

'그렇게 만들어진 면에서 이야기는 시작된다.'

'이야기는 면에서 파악된 수많은 정보들의 이음이다.'

'이어진 정보들의 재구성은 선의 영역이다.'

'그 선들의 마지막은 해결책이다.'

'해결책이 만들어졌을 때 머릿속 기획은 방점을 찍게 된다.'

기획에서 기획을 덜어내라

'기획을 마무리 짓는 마지막은 그래서 점의 영역이다.'

결국 기획은
머릿속에 면을 펼치고
펼친 면에서 선을 긋고
선의 끝에 점을 찍어 마무리 짓는
면·선·점의 작업인 것이다.
지금부터 우리가 나눌 이야기의 구성도 이와 같다.

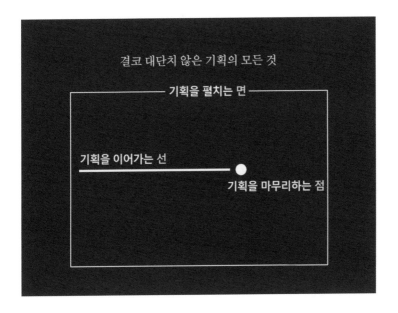

'그녀'를 통해 기획을 배우다

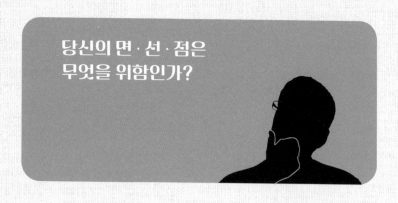

당신의 면·선·점은
무엇을 위함인가?

최고의 연습은 실전이다.

면·선·점의 영역을 보다 쉽게 받아들이기 위해

세 가지 영역의 기획 주제를 예시로 들고자 한다.

세 가지 주제가 면·선·점의 영역을 지나면서 어떻게 구체화되는지를

볼 수 있다면 각 영역의 이해가 좀 더 쉽게 될 것이라 판단해서다.

이 세 가지 예시는 모두 각기 실제 사례이며,

다만 각 예의 구체적인 이름은 익명으로 하고자 한다.

세 가지 경우는 다음과 같다.

A. 최종면접을 앞두고 '자기소개'를 기획해야 하는 상황

B. 모 기업의 마케팅부에서 '2030 마케팅 기획'을 해야 하는 상황

C. 치킨집을 창업하여 '고객을 모집'해야 하는 상황

각각의 상황은

사회초년생의 기획,

직장인의 기획,

창업인의 기획을 의미한다.

취업과 현업 그리고 창업, 이렇게 설정한 이유는

우리 대부분은 결국 이 세 가지를 하게 될 것이기 때문이다.

각 과정이 지금부터 면·선·점의 영역을 만나

어떻게 기획으로 변하는지 알아보자.

PART 03

면 : 질문을 던져
생각을 만든다

#01 면의 영역, 상황을 알아가고 상황을 좁히는 작업

면의 영역은 한마디로
상황분석과 목표 재설정을 합친 영역이다.
이곳에서 나는 다음과 같은 이야기를 할 것이다.

'가장 먼저 깨달아야 되는 것은 자기욕망이라는 이야기'
'처음 주어진 목표는 구체화를 거쳐야 한다는 이야기'
'면의 영역의 핵심은 질문이라는 이야기'

또한
'질문의 확장성에 대하여'
'좋은 질문의 자격에 대하여'
'질문을 멈추어야 하는 시점에 대하여'
'질문의 종착점에 있는 문제점에 대하여'
'문제점의 가치와 자격에 대하여'
이야기할 것이다.

상황에 대한 분석과

목표의 재조립

#02 욕망을 뿌리로 하는 기획의 시작,
(1) 자기욕망

누군가를 설득한다는 것은 두 가지를 의미한다.
'상대방의 욕망을 깨닫게 해줄 것'
'그 욕망의 해결책을 제시할 것'

모든 것은 욕망과 관련되어 있다.
기획은 욕망을 숙주로 자라는 열매와 같다.
그렇기에
기획은 설득해야 되는 대상의 욕망에서 시작된다.
그것을 기획의 목표라고 한다.
그러나 그 전에 바라봐야 되는 다른 욕망이 있다.
사람들이 잘 모르는, 아니 어쩌면 이미 알고 있어도
유지하기 힘들어 어느 순간 포기한 욕망,
내가 이 기획으로 얻고 싶은 것은 무엇인가?
바로 자신의 욕망!

기획은 타인의 욕망을 이해하는 작업이다.
그 뿌리에는 자기 자신의 욕망이 있다.

#02 / (2) 욕망을 뿌리로 하는 기획의 시작, 자기욕망

<u>기획의 목표와 자신의 욕망은 대부분 다르다.</u>
기후변화에 대한 경각심을 주는
공익캠페인의 기획을 하게 되었다고 가정해 보자.

이 기획의 목표는 말 그대로 사람들에게 경각심을 주는 것이다.
'경각심을 줘서 모두가 기후변화에 대해 생각하게 만드는 것'
그 기획의 목표는 말 그대로 공익적인 것이 된다.
하지만 그 기획을 하는 본인은 어떠한가?
정말 기후변화에 관심이 있어서, 정말 그게 걱정이 되어서
세상과 사람들을 위해 기획을 하겠다는 사람이 몇이나 될까?
'공모전에서 상을 받아 좋은 곳에 취업하기 위하여'
'미생인 인턴에서 이 프로젝트로 완생인 정규직을 꿈꾸며'
'이 프로젝트를 훌륭히 마쳐 회사에 자신의 능력을 알리기 위하여'
오히려 그런 것들이지 않을까?

기획의 목표와 자신의 욕망은 분명 다르다.

양의 탈을 쓴 늑대의 모습을 떠올리면 쉽게 이해가 된다.

좋은 말, 멋진 말, 아름다운 말을 목표로 삼지만

그 목표 이면에는 멋지진 않지만 현실적인 욕망이 숨어 있다.

자칫 세속적일까봐 차마 내뱉지 못하는 그 욕망이

아이러니하게도 기획을 진짜 기획답게 만드는,

그래서 결코 기획자가 버려선 안 되는 핵심이 된다.

말하지 못할 자신의 욕망이 있다는 것

기획을 시작할 준비가 되었다는 것!

#02 욕망을 뿌리로 하는 기획의 시작,
[3] 자기욕망

자기욕망이 중요한 이유는

자기욕망이 없는 기획서에는 기획이 없어질 확률이 높기 때문이다.

한 해 만들어지는 기획안이 몇 건이나 될까?

수백만 건은 넘을 것이다.

모든 기업이 틈만 나면 기획안을 올리라고 하니까.

모든 경영·광고·마케팅 수업에서 기획서를 쓰라고 하니까.

그렇게 만들어진 기획안에 진짜 기획이 담기는 경우는 얼마일까?

5%, 아주 많이 봐줘서 5%다.

나머지 95%의 기획서에는 기획이 없다.

이미 해왔던 방식과 순서,

망했던 혹은 성공했던 과거 양식의 짜깁기,

그런 기획의 대부분은 전문가들이 한다.

기획을 업무로만 생각하는 그런 전문가들,

자기욕망이 필요 없는, 그저 월급을 위해 하는 그런 전문가들,

거기엔 <u>기획자의 욕망이 없다.</u>

그래서 기획자의 생각도 없다.
결국에는 설득이 없게 된다.
자기욕망이 없는 기획서에는 기획이 없다.

마리오네트에 영혼이 없듯
자기욕망이 없는 기획서에는 기획이 없다.

#02 욕망을 뿌리로 하는 기획의 시작,
자기욕망
(4)

기획이 담긴 기획서를 쓰는 5%의 사람들은 누구일까?

대부분은

공모전에 도전하는 학생들의 기획이며

인턴이 인턴 평가를 위해 만든 기획이자

연말 평가를 앞둔 말년 과장의 기획이고,

그리고 지독한 워크홀릭이라며

부하직원들에게 욕을 얻어 먹는 몇몇의 기획자들에 의해 쓰여진다.

다소 투박하고 비논리적이지만,

<u>학생들의 기획서에는 기획이 있고</u>

<u>깔끔한 직장인들의 기획서에는 기획이 없는 이유는</u>

<u>자기욕망이 만든 집착의 유무다.</u>

상 받아서 취업해야 하니까

경쟁자를 물리쳐 정규직이 되어야 하니까

이번엔 과장 딱지를 탈출해야 하니까

기획에서 기획을 덜어내라

그런 욕망이 집착을 만든다.
집착은 자신의 기획을 스토킹한다.
욕망에 빠진 기획자의 발걸음이
고민을 찾고 생각을 불어넣는다.
그 생각의 끝에 설득이 있다.
거기에 기획이 있다.

❝ 이렇게까지 하는 나도 지긋지긋해 **❞**

사랑에 집착은 파국을 만들지만
기획에 집착은 기획다움을 만든다.

#02
(5)
욕망을 뿌리로 하는 기획의 시작, 자기욕망

그래서 면의 영역에서 가장 첫 번째는 이것이다.

'자기욕망을 나침반으로 삼을 것'

왜 기획하고자 하는가?

이 기획을 통해 얻고자 하는 욕망은 무엇인가?

그 욕망을 먼저 찾아라!

그 욕망을 인정하고, 끊임없이 그 욕망을 되뇌여라!

아이디어가 막혔을 때

기획이 나아가지 않을 때

적당히 기존의 기획안에서 베껴 쓰고 싶을 때

그 욕망이 스스로를 다잡게 만들 것이다.

고민해야지, 생각해야지, 연구해야지

이런 안일한 다짐과는 다르게,

정작 고민하지 않는 스스로를 발견할 때

자신을 다잡는 것은 자기욕망이란 이름의 나침반이다.

강의실의 그녀가 남자 생각이 없어도

그녀와 자신이 서로 맞지 않아도

도무지 그녀를 공략할 전략이 생각나지 않아도

결코 포기하지 않고 계속 고민하게 만들었던 힘은

그녀와 사귀고자 하는 욕망이었다.

자기욕망에 대한 간절함이 기획에 기획을 넣는다.

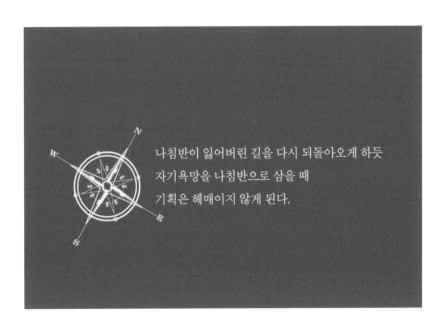

나침반이 잃어버린 길을 다시 되돌아오게 하듯
자기욕망을 나침반으로 삼을 때
기획은 헤매이지 않게 된다.

#03 기획의 첫 단계, 구체화
/(1)

욕망을 나침반 삼았다면

욕망의 실현을 위해 기획을 바라볼 준비가 끝났다.

<u>당신이 봐야 할 첫 번째는 기획의 목표다.</u>

대부분의 기획은 목표가 주어진다.

공모전이라면 '주제'에서

경쟁PT라면 '광고주 인비테이션(invitation)' 자료에서

그것도 아니라면 '직장상사의 말'에서 혹은 '회사의 명령'으로⋯

중요한 건 이 부분이다.

처음 주어진 목표는 그 자체로 완전하지 않기에

<u>목표는 한 번의 진화를 겪게 된다는 것이다.</u>

<u>목표의 진화란 목표의 구체화를 의미한다.</u>

진화를 거쳐야 하는 이유는

최초에 주어지는 목표가 대부분 지나치게 큰 그림이기 때문이다.

기획에서 기획을 덜어내라

주어진 목표는 너무 거대하다.
기획에서 봐야 하는 것은
숲이 아니라 나무 한 그루다!

#03
(2)
기획의 첫 단계, 구체화

큰 그림을 좁게 만들어야 하는 이유는
기획에서 목표가 크면 기획이 방탕해지기 때문이다.

'영업장의 고객을 늘려라'

'사람들이 이 제품을 사랑하게 만들어라'

'새로 나온 제품을 바이럴로 붐업시켜라' 등등

대부분 처음 기획을 시작할 때 목표는 이처럼 거대점을 지향한다.

하지만 기획의 목표는 절대로 커서는 안 된다.

하나의 기획이 바꿀 수 있는 것은 생각보다 크지 않기 때문이다.

기획의 목표가 커지는 첫 번째 이유는

바로 목표에 '모든 소망'을 온전히 담았기 때문이다.

이는 기획을 하는 사람, 혹은 오더를 내리는 기업이 흔히 하는 실수다.

이왕이면 목표점을 높고 크게 잡아야 한다는 착각,

그래야 실패를 하더라도 작은 목표보단 많이 얻을 것이라는 착각,

마치 100개 판매를 목표로 삼으면 100개를 파는 것이 다이지만

1만개 판매를 목표로 삼으면 10%만 해도 1,000개나 팔 것이라는 착각,

영업의 유명한 동기부여 방식을 기획에도 적용하려는 이런 착각이
기획의 목표를 크게 만들어 버린다.
하지만 기획은 하나의 퍼즐 조각에 불과하다.
원하는 그림을 만들기 위해 수백 조각의 퍼즐이 필요하듯
큰 목표를 이루기 위해서도 단계별 수십 번의 기획이 필요하다.
이런 단계를 무시하고 한 번에 해결해 보려는 욕심,
그 욕심이 기획의 목표를 크게 만든다.
모든 걸 한 번에 해결하는 기획은 현실에 없다.
현실성을 잃은 기획은 번지르한 이상만을 말하게 되고
기획은 그렇게 방탕하고 허무한 결론으로 끝이 나게 된다.

퍼즐 하나는, 결코 그림 전체를 담을 수 없다.
하나의 기획은 모든 것을 해결할 수 없다.

#03 기획의 첫 단계, 구체화
(3)

기획의 목표가 커지는 두 번째 이유는 '무지'다.

목표의 구체화란 작은 성과를 담으라는 것이 아니라

현실적으로 실행가능한 지점을 정하라는 의미다.

무엇이 현실적인지,

무엇이 실행가능한지를 알려면 정보가 있어야 한다.

그런데 기획을 처음 시작할 땐

주제와 목표에 대해 당연히 무지할 수밖에 없다.

무지한 상태에서는 대상을 구체화시킬 수 있는

정보가 없기 때문에 좁힐 수도 없다.

작아야 되는 목표가 크게 설정될 수밖에 없는

무지함의 아이러니!

이 아이러니로 인해 기획의 시작점에서는 목표가 클 수밖에 없다.

정리하자면

기획에서 최초의 목표는 당연히 클 수밖에 없다.

상황을 알아가면서, 분석하면서 목표는 점차 작아지게 되는 것이다.

'상황을 알아가는 것'

'분석하는 것'

'도달할 수 있는 목표를 다시 정하는 것'

이것이 기획의 면의 영역이다.

구체화의 전제는 지식이다.
알아갈수록,
기획해야 되는 대상은 구체화된다.

#03 기획의 첫 단계, 구체화
(4)

이렇게 살펴보면 결국
기획의 면·선·점의 단계에서
면의 영역의 목적은 다음의 두 가지다.

1) 기획의 전반적인 상황에 대해 알아보는 것

2) 알아보는 것을 통해 최초의 목표를 보다 구체적으로 현실화시키는 것

처음 여대생의 이야기를 적용해 보면 쉽게 이해가 될 것이다.
면의 영역에서 질문을 통해
그녀에 대한 다양한 정보를 습득했다.
습득한 정보를 통해
처음 '그녀와 사귀고 싶다'는 목표가
'취미의 공유 여부가 연애의 주요 고려점이라고 생각하는
그녀와 사귀기'로 구체화되었다.

이렇듯 두 가지 목적을 면의 영역에서 이루고 나면,
이를 친구에게 이야기하는 선의 영역으로 나가게 된다.

<u>이 두 가지 목적을 해결해 주는 도구는 하나다.</u>
<u>'질문'이다!</u>

#04 / (1) 면의 시작과 끝은 오직 한 가지, 질문이다

면의 영역에서 해야 하는 첫 번째는
기획을 하기 위해 전반적인 상황을 알아가는 것이다.
알아가는 가장 확실한 방법은 질문이다.
면의 영역의 핵심은 그래서 질문이다.
질문은 처음 정한 목표로부터 시작된다.

'해당 제품에 대한 고객 충성도를 높이고 싶다'라는
목표가 있었다면, 질문 역시 여기서 출발해야 한다.
'그럼, 지금 영업점에 오는 고객은 몇 명이나 될까?'
'그럼, 해당 제품에 대한 고객 충성도는 현재 어떨까?'

면을 만들어 가는 시작점은
이처럼 이루고자 하는 목표에 대한
일차원적인 질문에서 출발한다.
너무나 당연한 이 이야기를 생각보다 사람들은 하지 않는다.

"모르면 좀 물어봐라, 니 사수가 누구냐"

지긋지긋한 이 갈굼이 진리였을 줄이야!
알아가는 것의 시작은 질문이다.

#04 (2) 면의 시작과 끝은 오직 한 가지, 질문이다

첫 질문을 목표에서 시작하는 이유는

제대로 된 영역 선정을 위해서다.

뒤에 좀 더 이야기하겠지만

질문은 확장성을 가진다.

끝이 어디가 될지는 아직 알 수 없지만

질문의 끝은 언제나 또 다른 질문의 시작과 맞닿아 있다.

첫 질문이 본질에서 벗어나면

이어지는 다음 질문도 본질에서 벗어날 수밖에 없다.

결국 질문이 거듭될수록 본질과는 동떨어진 곳에서 헤매게 된다.

첫 질문이란 옷의 첫 번째 단추와 같다.

첫 단추가 잘못되면 전체가 엉망이 된다.

엉망이 된 기획은 다음과 같은 지적을 받는다.

"아니, 그래서 도대체 너가 지금 설명하려는 게 뭐야?"

"내가 지금 그런 정보를 왜 알아야 하냐?"

"지금 말한 상황과 처음 설정한 목표가 도대체 무슨 관계냐?"

이런 지적이 일어나는 이유는

그들의 첫 번째 질문이 엉뚱한 곳에서 출발했기 때문이다.

골프공을 판매하라고 했더니 골프의 역사에 대해 조사한다든가

호감도를 높이라고 했더니 호감도의 정의에 대해 알아본다든가

기획을 하랬더니 논문을 쓸 기세다.

정신 차리자.

우리는 양을 채워야 하는 논문을 쓰는 게 아니라

필요한 것만 설득해야 하는 기획을 하는 사람들이다.

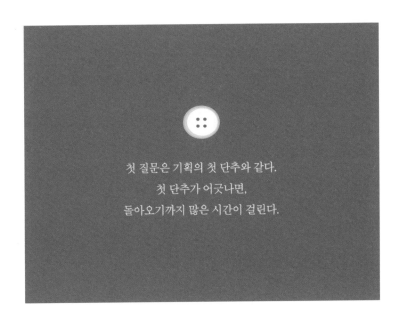

첫 질문은 기획의 첫 단추와 같다.
첫 단추가 어긋나면,
돌아오기까지 많은 시간이 걸린다.

#04 면의 시작과 끝은 오직 한 가지, 질문이다
(3)

목표에서 질문을 시작해야 한다는 말은

목표를 맥락적으로 해석해야 한다는 말과 동일하다.

맥락적인 해석이란

주제의 이야기 흐름과 맞닿아 연장시키는 것을 의미한다.

자동차의 판매량을 늘리라는 목표를 위해 필요한 것은

자동차의 의미도, 판매량의 정의도 아니다.

자동차의 판매량이란 맥락에 대한 질문이다.

'자동차란 무엇인가?'

'판매량이란 무엇인가?'

이 순간, 기획은 이미 산으로 갔다.

'자동차 판매량을 늘려야 하는데, 자동차에 대해 묻고 있네?'

'자동차 판매량을 늘려야 하는데, 판매량에 대한 의미를 찾고 있어?'

기획 목표의 이야기 흐름과 일치하지 않는 이런 단편적인 질문들은

불필요한 정보와 시간만 낭비할 뿐이다.

자동차 판매량을 늘려야 하는데,

그럼 '지금 이 차의 판매량은 어떻지?'

맥락적으로 이어지는 것을 알 수 있다.

이런 것이 제대로 된 질문이다.

맥락의 연결선에서 의미가 이어지는 질문,

그것이 제대로 된 질문이다.

질문에 답이 있다.
맥락을 파악한 질문이라면 말이다.

면 : 질문을 던져 생각을 만든다

#05
(1)

면의 핵심을 만드는 질문의 힘, 확장성

'지금 이 차의 판매량은 어떻지?'

→ 월 100대를 팔고 있군.

'이 판매량이 많은 건가 적은 건가?'

→ 동급 차종 판매량의 평균치가 400대인 걸 감안하면 적은 수치군.

'이 차를 사람들이 왜 적게 사고 있는 거지?'

→ 블로그에 후기 글들을 보니까 브랜드에 대한 신뢰도가 바닥이군.

'왜 바닥을 친 거지? 차 자체에 문제가 있나?'

→ 동급 차종에 비해 오히려 좋은 점이 많이 있군.

'그럼 왜 브랜드 신뢰도가 바닥을 쳤을까?'

→ 대규모 리콜 사태가 이 브랜드의 다른 차종에서 연달아 발생했군.

'그 상황에서 이 브랜드는 어떤 대처를 했지?'

→ PR, 사과문, 재발방지 약속 등 여러 가지를 하긴 했군.

'효과는 어땠을까?'

→ 반기업 정서로 인해 입 발린 소리라고 생각하는 경향이 강하군.

어떠한가? 위와 같은 질문을 하는 동안,

우리는 해당 차가 처해진 상황에 대해 자연스럽게 알게 되었다.

이런 질문들의 흐름은 특정한 규칙이 아니라

질문의 본성에 따라 저절로 나타나게 된다.

그 본성이 바로 확장성이다.

얄미운 여섯 살의 끊임없는 '왜?'를 생각하면 간단히 이해가 된다.

하나의 질문에서 끊임없이 '왜?'를 물어보는 이유는

그 질문을 통해 알게 된 답이 또 다른 질문으로 이어지기 때문이다.

이것이 질문의 확장성이자 곧 면의 핵심이다.

처음 질문이 다음 질문으로 자연스럽게 연결되고

그 연결고리에서 찾게 되는 답을 통해 문제를 알아가는 것,

바로 이것이다.

얄미운 6살도 기획을 알고 있다.

질문은 그렇게 꼬리를 물어야 한다는 것을!

#05 / (2) 면의 핵심을 만드는 질문의 힘, 확장성

질문이 꼬리를 물다 보면 엉뚱한 질문으로 이어지는 경우가 있다.

원숭이 엉덩이가 빨간 것이 기차가 긴 것으로 마무리되는 노래처럼,

자동차 판매량으로 시작된 질문이

어느 순간 레이싱 모델의 인기 순위까지 이어질 때가 있는 것이다.

이 역시 질문의 확장성이 가진 하나의 특성이다.

그런 질문들이 나올 때, 구태여 선을 긋고 멈출 필요는 없다.

지금은 재료를 모으는 단계니까, 재료는 다다익선이니까 말이다.

어차피 쓸데없는 정보들은 선을 그리는 작업에서 걸러지게 된다.

오히려 쓸데없는 정보라 여겨진 답들이 선의 핵심이 되기도 한다.

자동차 판매량을 증진시키는 핵심전략이

레이싱 걸의 순위에서 나오는 경우도 있다는 얘기다.

<u>서로 연관성이 없어 보이는 것들이</u>

<u>어느 순간 절묘하게 이어질 수 있는 것!</u>

<u>이것 역시 기획의 또 다른 묘미이다.</u>

그런 묘미를 즐기기 위해서라도

질문의 확장성에 선을 긋지 마라.

〈다크나이트〉의 조커가 말한 광기의 중력처럼

일단 흐르는 대로 놔두어라.

중력의 마지막이 바닥이듯

끊지 않아도 질문은 스스로 멈출 자리를 곧 찾을 것이다.

질문에 브레이크를 걸지 마라!
질문은 알아서 확장되고,
알아서 멈춰진다.

<u>질문의 확장성을 허락했을 때, 기획은 보다 자유로워진다.</u>
<u>그 자유로움 속에 생각지도 못했던 방향이 존재한다.</u>

예를 한 번 들어보자.

'노트북 브랜드 재활성화 전략'을 기획한 적이 있었다.

질문을 제한 없이 계속하다 보니

어느새 질문은 일기장에 대한 질문으로까지 확장되어 있었다.

질문은 다음과 같은 흐름으로 확장되었다.

'왜 노트북이라고 명명했을까?'

'노트는 공책을 의미하는데 너무 가격 차이가 크지 않나?'

'그런데 한 권의 노트가 노트북만큼 가치 있는 경우는 없을까?'

'아, 일기장이라면 그 정도 가치가 있겠구나?'

'일기장과 노트북, 이 둘의 공통점은 없을까?'

엉뚱하게도 흘러 흘러간 이 질문에 대한 답이

문제의 해결책을 제시했다.

처음 일기장을 샀을 땐, 하나의 예쁜 공책에 불과하다.

여기에 자신의 이야기를 채워 나가면,

그 일기장은 소중한 나의 것이 된다.

그렇게 되기까지는 시간이 필요하다.

가만히 생각해 보면 노트북의 가치도 이와 다를 것이 없다.

처음에는 비싼 제품에 불과하지만

여기에 자신의 과제, 좋아하는 영화, 사진을 담게 되고

그럴수록 점점 노트북은 자신의 것이 되어간다.

시간이 지날수록 내 것이 되어가는 것, 노트북도 그런 것이다.

처음 상을 받았던 공모전의 슬로건은 이렇게 탄생했다.

<u>질문의 확장성을 내버려 두었기에 가능한 기획이었다.</u>

질문의 이어짐의 어딘가에
내가 찾던 답이 있다.

#06 진짜 질문은 후반전에 나온다
(1)

신데렐라,

백설공주,

라푼젤,

미녀와 야수,

잠자는 숲속의 공주까지…

이런 동화들의 공통점은 결국 해피엔딩이라는 것이고

해피엔딩의 시작은 동화의 후반전부터 시작된다는 것이다.

질문 역시 마찬가지다.

매력적인 질문, 영양가 있는 질문은

언제나 후반전에 나온다.

이 역시 확장성을 막지 말아야 할 중요한 이유이다.

동화 속 공주의 행복은
동화의 후반전부터 시작되듯
진짜 질문은 뒤에 등장한다.

#06 진짜 질문은 후반전에 나온다
(2)

후반전의 질문이 진짜 질문인 이유는

좋은 질문은 지식을 먹고 성장하여 나타나기 때문이다.

'매력적인 질문이란?'

'영양가 있는 질문이란?'

깊이가 있는 질문을 의미한다.

깊이란 질문이 구체적임을 의미하고

구체적이기 위해서는 그 질문을 둘러싼 다양한 정보를

이미 알고 있어야 한다.

질문을 거듭할수록, 답들은 쌓여간다.

그렇게 찾은 답들은 다시 다음 질문의 구체성을 높이는

재료로 활용되는 것이다.

이 역시 질문이 가진 확장성의 선물이다.

이름을 물었던 질문이, 나이와 취미를 지나

'영화라는 공통점을 원하는 23세 ○○에게 어떻게 다가갈 것인가'로 이어지듯 말이다.

결국 질문의 확장성을 막지 말아야 하는 이유는 두 가지다.

'어딘가 있을지 모를 보물 같은 답을 발견하기 위해'
'기존에 던진 질문들에 대한 답으로
보물 같은 질문을 만들기 위해'

질문은
질문을 먹으며 성장한다.

#06 / (3) 진짜 질문은 후반전에 나온다

기획은 전관예우가 없다고 한다.

어제 훌륭한 기획을 완성한 사람이라고 해서

오늘 새로운 기획도 잘하리란 보장은 없는 것이다.

그래서 기획은 시리즈가 아닌 단편영화와 같다.

하지만 질문에는 전관예우가 있다.

어제까지의 질문의 경험이, 오늘 질문의 질에 영향을 미친다.

숙련된 기자의 질문이 초보 기자의 그것과 다르듯이.

그래, 속담으로 따지자면

'고기도 먹어본 놈이 먹는다'는 말처럼

질문의 질을 결정하는 것이 질문자의 기량이기 때문이다.

기량이란 경력에 영향을 받는다.

질문해 온 시간이 많을수록, 즉 질문한 경력이 많을수록

질문 기량은 자연스럽게 늘어난다.

질문을 하고 답을 구하는 과정을 통해

질문자의 식견이 늘어나고,
질문 방식은 세련되게 변하기 때문이다.
질문이란 그래서 술을 빚는 것과 같다.
좋은 술엔 훌륭한 재료와 시간이 필요하듯
좋은 질문 역시
다양한 질문이라는 재료와 질문을 해왔던 시간이 필요하다.

질문을 멈추지 말아야 되는 또 다른 이유는
오늘 했던 수많은 질문은 자신을 더 나은 분석가로
성장시키기 때문이다.

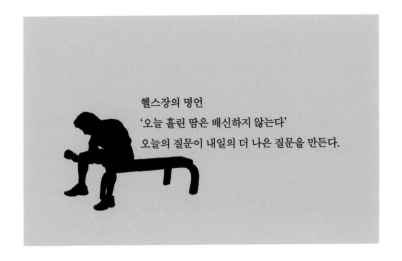

헬스장의 명언
'오늘 흘린 땀은 배신하지 않는다'
오늘의 질문이 내일의 더 나은 질문을 만든다.

다음은 내가 실제로 했던 기획의 면의 영역이다.

〈처음의 목표 : '온난화 해결을 위한 대국민 참여 전략'〉

'온난화 해결을 하라고 하는데, 그럼 온난화가 심각한 건가?'

→ 생각보다 아주 심각하군. 그런데 왜 이걸 행동으로 안하지? 모르는가?

→ 심각성을 알고 있다고 하는군. 그럼, 왜 안하지?

→ 어라, 실제로 사람들은 여러 가지 것들을 하고 있다네?

→ 그런데 자동차 배기량, 쓰레기 증가율 등 여러 수치들은 사람들이 안하고 있는 것으로 나오네.

→ 결국 사람들은 거짓을 말한 거군. 왜 거짓을 말했을까?

→ 사회적 바람직성에 의한 대답이론, 즉 요구특성으로 사람들은 선의의 강요를 받은 거군.

→ 그럼 사람들의 속마음은? 그다지 심각하지 않고, 와닿지도 않는다고 하는군.

→ 하지만 황사, 폭염, 폭우 등 온난화는 심각하며 이미 우리와 관련된 이야기인대?

→ 그럼, 그 문제가 우리들과 연관된 심각한 문제라고 생각되면 사람들이 참여를 하게 될까?

→ 황사에 마스크, 독감에 예방주사 등과 같이 다양한 예를 보니 사람들은 행동하는군.

→ 결국 심각성과 연관성이 없다는 그들에게 그렇지 않음을 알려야 하는 방안을 마련해야 겠네.

세부적인 질문이 생략되었지만 대략의 흐름은 이렇다.
여기에 지금까지 설명했던 '질문'의 도달점이 숨어 있다.

질문이 멈추는 순간이 온다는 것은
면의 영역이 마무리되고 있다는 뜻이다.

#07 질문이 멈추는 순간, 면의 영역이 끝난다
(2)

질문을 통해 답들을 모은다.

그 답들은 지식을 주는 동시에 새로운 질문을 탄생시킨다.

그렇게 질문을 통해 우리는 앎과 확장을 동시에 이룬다.

그것이 기획의 면의 영역이다.

면의 영역의 질문이 멈추는 순간은

질문을 통해 찾았던 답들이

최초의 목표를 구체화시킬 만큼 충분히 모였을 때이다.

'온난화 해결을 위한 대국민 참여 전략'이라는 큰 목표가

'심각성과 연관성의 전달을 통한 온난화 인식 전환'이라는

구체적인 목표로 전환될 때처럼,

'그녀와 사귀고 싶다'는 목표가

'영화광인 그녀의 마음을 영화 젬병인 내가 훔치는 방법'이라는

목표로 구체화된 것처럼,

바로 그때 누가 지정하지 않아도 질문은 자연스럽게 멈추게 된다.

기획에서 기획을 덜어내라

조각들이 모여 하나의 형태를 이룬다.
답들이 모여 기획의 구체화를 이루듯.

#07
(3)
질문이 멈추는 순간,
면의 영역이 끝난다

목표의 구체화는 상황에 대한 인식이 끝났음을 의미한다.

기획 교육을 하며 한 가지 사실을 알게 되었다.
사람들이 처음 면의 영역을 시작할 때 생각하는 걱정 중 하나가
면의 광활함에 대한 막연한 두려움이라는 것을 말이다.
기획 상황 전체를 알아가고 이해한다는 말은
언뜻 굉장히 광활해 보이고 막연해 보인다.
하지만 광활하게 여겨졌던 면의 영역은
질문을 거듭할수록 생각보다 넓지 않음이 드러나게 된다.

아무리 많은 확장을 하려고 해도
우리의 뇌는 자연스럽게 연관성 있는 답들을 서로 엮어
우리가 해석할 수 있는 범주의 이야기로 만들기 때문이다.
즉, 아무리 넓은 지식의 바다 가운데서도
뇌는 스스로 인식할 정도의 범위로만 내용을 구성하는 것이다.

그 정도 범위의 내용들을 알게 되는 것,

질문의 답을 통해 목표를 구체화했다는 것은

구체화에 필요한 지식을 이미 채웠음을 의미하고

이는 곧 상황에 대한 인식이 완료되었음을 의미한다.

즉, 면의 확장이 더 나아가지 않아도 됨을 의미하는 것이다.

Realization

목표의 구체화가 가능하다는 것은
목표에 대한 전반적인 인식이 끝났음을 의미한다.

#07
(4)
질문이 멈추는 순간,
면의 영역이 끝난다

면의 영역을 통해 충분히 알았다는 것은,

그래서 목표를 구체화시킬 수 있다는 것은,

기획하는 대상의 욕망을 알게 되었다는 의미와 같다.

영화를 좋아하는 그녀와 사귀는 방법이란 구체화는

그녀가 영화를 좋아하는 이와 사귀고 싶다는 욕망을

알았기 때문에 가능하다.

온난화의 심각성과 연관성을 알려야 된다는 구체화는

겉마음과 속마음의 온도차가 있다는 사람들의 속내를

알았기 때문에 가능하다.

이처럼 기획의 대상에 대한 욕망을 알아낼 때

목표의 구체화는 가능해진다.

대상의 욕망을 알아내는 것,

이것을 기획에서는 '타깃분석'이라 말한다.

이런 타깃분석을 대부분은 하나의 기획단계로 미리 규정해 놓는다.

기획에서 기획을 덜어내라

마치 기획서의 특정한 부분에 특정한 규칙에 의해

반드시 있어야 할 것처럼.

하지만 타깃에 대한 분석은

특정한 단계에 특별한 기법을 통해 이루어지는 것이 아니라

이처럼 구체화를 하기 위해 질문을 하는 과정에서

자연스럽게 이루어지게 된다.

이런 점을 항상 인지해야 한다.

기획은 공식으로 만들어지는 것이 아니라,

흐름으로 만들어지는 것임을!

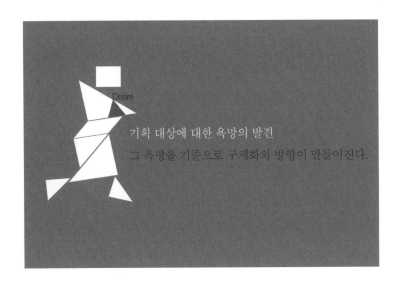

기획 대상에 대한 욕망의 발견
그 욕망을 기준으로 구체화의 방향이 만들어진다.

#07
(5)
질문이 멈추는 순간,
면의 영역이 끝난다

질문이 멈춘다는 것은 문제점을 발견했다는 의미다.

영화를 좋아하는 그녀와 달리 나는 영화를 좋아하지 않는다.

사람들은 겉과 속이 달라 온난화의 진실이 전해지지 않았다.

이처럼 질문이 멈추었을 땐, 그 지점에는 해결되지 않은 욕망이 있다.

영화를 좋아하는 그녀의 욕망에 맞는 남자가 없었다는 것,

온난화에 대해 사람들은 심각성을 진심으로 공감하지 않는다는 것,

해결되지 않는 대상의 욕망, 이를 '문제점'이라고 말한다.

이런 문제점을 발견했기에

목표는 그 문제점을 해결하기 위한 방향으로 구체화가 되었다.

즉, 문제점의 인지 없이는 목표의 구체화도 불가능하다.

결국 이를 의식의 흐름에 맞게 구조화시켜 보면 다음과 같다.

1) 처음 목표에 관련된 질문을 한다.

2) 답들을 통해 상황을 알아간다(기획 대상의 욕망을 포함).

3) 그 과정 중에 목표를 방해하는 문제점을 발견한다.

4) 발견한 문제점과 인식한 상황을 조합해 목표를 구체화시킨다.

기획에서 기획을 덜어내라

따라서 면의 영역의 도달점을 가장 쉽게 눈으로 확인하는 순간은
문제점 발견의 순간이다.

문제점의 발견은
곧 상황인식과 욕망파악이 끝났음을 의미하기 때문이다.
이 모든 것들을 조합해서 목표의 구체화가 이루어진다.
결국 면을 가장 쉽게 펼치기 위해선 이 두 가지만 기억하면 된다.
'질문을 시작했는가?'
'문제점을 발견하기까지 질문을 멈추지 마라!'

이 두 가지만 기억해서 질문하다 보면
위의 4가지 과정을 자연스럽게 겪을 것이다.

욕망의 발걸음을 막는 방해요소들
그 문제점이 구체화의 화룡점정이 된다.

#08
(1)
어떠한 문제를 발견하느냐가
기획의 방향을 결정한다

기획 대상이 가지는 욕망 중

해결되지 못한 욕망은 한 가지만이 아니다.

강의실의 그녀에게선 영화 호감도가,

온난화 해결에는 심각성과 연관성이 대상의 욕망으로 발견되었지만

그 외의 다른 욕망도 얼마든지 있을 수 있다.

강의실의 그녀의 경우 영화 호감도 외에

외모의 기준, 성격의 취향 등이 있을 수 있고,

온난화의 경우 실천방법의 어려움,

개인이 바꾸기에는 힘들다는 인식 등이 있을 수 있다.

하나의 목표를 방해하는 해결되지 못한 욕망은

다양하게 존재한다는 것이다.

욕망이 곧 문제점의 원천이기에,

결국 욕망이 다양하다는 것은

문제점 역시 다양할 수 있음을 의미한다.

바로 이 점이,

하나의 큰 목표로 시작된 기획이

100명의 손을 거치면 각기 다른 기획으로 만들어지는 이유다.

질문으로 어떠한 답을 찾았고

그 답들을 연결시켜 알게 된 대상의 욕망이 무엇이냐에 따라,

기획은 각기 다른 방향성을 지니게 된다.

결국 기획은 같은 과제로 주어진다 하더라도

기획자의 질문의 방향과 발견

그리고 해석에 의해 달라지게 된다.

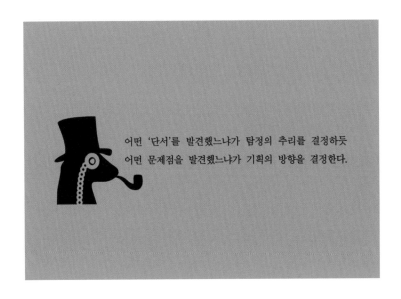

어떤 '단서'를 발견했느냐가 탐정의 추리를 결정하듯
어떤 문제점을 발견했느냐가 기획의 방향을 결정한다.

#08
(2)
어떠한 문제를 발견하느냐가
기획의 방향을 결정한다

이런 이유로 기획은 주관이다.

그래서 만점이 아닌, 만족이다.

간혹 내가 본 몇몇의 기획 책은

기획을 공식화시켜 놓았다.

마치 수식에 따라 결과값이 정해진 것처럼

공식에 따르면 마치 답이 나올 것처럼 말이다.

하지만 기획에는 정답이 없다.

스스로 어떠한 질문을 던지느냐?

스스로 어떠한 답을 찾느냐?

그 답이 말하는 욕망은 무엇이며

그 욕망이 해결되지 못한 문제점을 발견했는가?

여기에 따라 기획은 각기 다른 답을 만든다.

그렇게 각기 다른 색들이 입혀진다.

그래서 기획자 스스로가 자신의 기획을 평가할 때에는

만점의 기준이 아닌, 만족의 기준으로 봐야 한다.

얼마나 치열하게 질문했는가?

얼마나 지독하게 물고 늘어졌는가?

그렇게 찾은 문제점에

그렇게 구체화시킨 목표에

나는 얼마나 확신하는가?

<u>최소한 본인 스스로가 만족할 수 있는 기획을 하는 것,</u>

<u>기획자가 가져야 할 유일한 '소명의식'은 이것이다.</u>

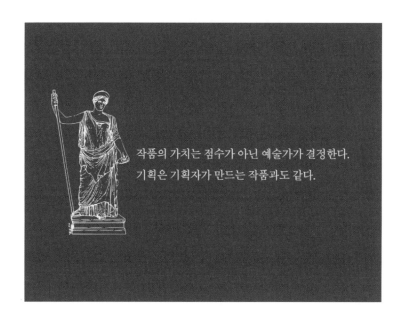

작품의 가치는 점수가 아닌 예술가가 결정한다.
기획은 기획자가 만드는 작품과도 같다.

#08
(3)
어떠한 문제를 발견하느냐가 기획의 방향을 결정한다

기획은 주관이기에

질문 역시 주관일 수밖에 없다.

질문은 질문자의 성향을 탄다.

호전적인 이의 질문은 늘 공격적이다.

조화로운 이의 질문은 늘 합치를 찾는다.

그런 성향은 결국 의도로 발전된다.

<u>질문으로 답을 알수록 점점 가정을 하게 되는 것이다.</u>

몇 가지 질문에 답을 구해 보니 이러한 것 같다.

'이러하니, 아마 이런 것엔 이런 내용이 있지 않을까?'라고 말이다.

그렇게 의도하고 답을 보기 시작하면

답 역시 그 의도와 판단한 대로 보여지거나 흘러간다.

질문의 답은 하나로 정해져 있는 것 같지만,

실상 거의 모든 것을 설명한 답은 이미 있기 때문이다.

가령,

'삼성을 좋아하는가'라는 질문에 그렇다는 자료와 답은 수천이다.

'삼성을 싫어하는가'라는 질문에 그렇다는 자료와 답 역시 수천이다.

그 답을 보고 누군가는 삼성은 사랑을 받고 있다고,

누군가는 삼성이 미움을 받고 있다고,

또 다른 누군가는 이를 합쳐 애증이라고 표현한다.

자신의 성향이 의도를 만들고,

의도는 판단으로, 판단은 결국 주관이 된다.

그렇게 '질문하기'라는 동일한 방식을 통해

각자의 성향에 맞는,

지극히 주관적인 면의 영역이 완성되어 가는 것이다.

부처의 눈에는 부처가,
돼지의 눈에는 돼지만.
부처가 기획을 알았다면 물었을 것이다.
"너는 무엇이냐?"라고.

#08 / (4) 어떠한 문제를 발견하느냐가 기획의 방향을 결정한다

그렇다면 최고의 방향을 제시하는 문제점이란 무엇일까?

문제점에 따라 목표가 구체화되고 방향이 결정된다면

여기서 한 번 물어봐야 할 것이 있다.

'최고의 문제점이란 무엇인가?'에 대한 질문이다.

최고의 질문이 곧 최고의 방향으로 이어지기 때문이다.

이 답은 기획의 목적에서 찾을 수 있다.

기획은 분명 성향으로 만들어지는 주관적인 작업이지만

그 목적은 명확하다.

타인을 향한 설득이다.

따라서 타인을 설득시킬 수 있는 문제점이 최고의 문제점일 것이다.

타인을 설득시킨다는 것은, 타인이 원하는 목표를 이루어주는 것이다.

호감도 증진을 원하는 고객에게 호감도가 증진될 수 있다고…

제품 판매 증가를 원하는 상사에게 판매가 증가될 수 있다고…

매출 증가를 원하는 자신에게 매출이 올라갈 수 있다고…

즉, 이 문제점을 해결하기만 하면

목표를 이룰 수 있겠구나라는 확신을 줄 수 있는 문제점,

그런 문제점이 최고의 문제점이다.

<u>문제점은 주관적으로 만들 수 있지만</u>

<u>문제점이 설득 대상의 욕망 또한 해결해야 하는 이중성,</u>

<u>이 이중성이 기획에 논리와 객관성을 만들어준다.</u>

그래서 기획은 기획자의 주관에 의해 진행되지만

과도한 선을 넘거나 무리수를 주장하지 않게 만든다.

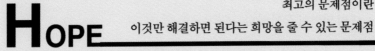

HOPE

최고의 문제점이란
이것만 해결하면 된다는 희망을 줄 수 있는 문제점

#09 면을 마무리 짓자,
선을 그리기 위하여

결국 면의 영역의 마지막 부분,

문제점에 대한 답을 내리면 다음과 같다.

1) 해당 문제를 본래의 목표에 대입시켜 볼 것

2) 그 문제를 해결하면 본래의 목표를 이룰 수 있을 것인가를 물어볼 것

3) 그 문제보다 더욱 심각한 다른 문제는 없는가를 고민해 볼 것

최소한 스스로는 이 문제점이 가장 크다고 확신할 수 있을 것,

조금 더 욕심내, 주변의 사람들도 이런 생각에 동의할 때

그렇게 문제점을 확신하고 정하는 순간,

면의 영역이 끝이 났다.

여기까지 당신은 수많은 질문을 했을 테고,

그 질문에서 다양한 상황의 인식을,

해결되지 못한 욕망과 그로 인한 문제점을 발견했을 것이며,

처음 주어진 목표를 보다 구체화시킬 수 있었을 것이다.

이제는 넓게 펼쳐진 면에서
당신의 주관으로 만든 주장을 이야기로 그려낼 때이다.
바로 선이다!

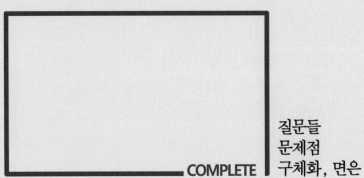

질문들
문제점
COMPLETE   구체화, 면은 여기까지

최종면접을 앞둔 A군의 면

자기소개를 기획해야 하는 상황에서의 면은 다음과 같은 방식으로
전개될 수 있다.

'기업이 자기소개서를 보려는 이유가 뭘까?'

⟶ 나에 대해 궁금해서 일까?

⟶ 기업이 굳이 왜? 내가 궁금한 건 아닐 텐데…

⟶ 기업은 다만 일을 잘하는 사람을 뽑을 텐데…

⟶ 아, 자기소개를 통해 내가 일을 잘하는 사람인지 아닌지를 보려고 하는구나!

'그럼 일을 잘한다는 것은 뭐지?'

⟶ 우선 맡은 역할을 잘하는 사람이어야겠군. 또 뭐가 있을까?

⟶ 혼자 하는 일이 아닐 테니, 사회관계가 원만한 사람이어야지.

⟶ 아, 그리고 무엇보다 회사 성향과도 맞아야겠군. 아무리 일 잘하고 성격이 좋아 보여도 회
   사 성향과 달라 곧 나갈 사람을 뽑진 않을 테니.

⟶ 일을 잘한다는 건 직무역량, 조직우호도, 회사충성도 이 세 가지가 있다는 것이군, 그럼 자

기소개에도 이 세 가지를 어필해야겠네!

'내가 지원한 직무는 총무과군, 총무과에서는 어떤 일을 하지?'

→ 조직이 원활하게 돌아갈 수 있도록 거의 모든 것들을 서포팅해 주는 일이군.

→ 이 일을 잘하는 걸 어떻게 증명할 수 있을까?

→ 관련 직무경험이 내겐 없군. 내 전공은? 총무와 직접 연관이 없군.

→ 이 일을 잘한다고 말할 수 있는 직접 경험이 나에게 없네!

'조직우호도는 어떨까? 내게 사회생활에 대한 경험이 있나?'

→ 학회 활동, 학생회 활동, 교내 동아리 활동까지 다양한 경험이 있네.

→ 교외활동, 봉사활동, 전국 대학생 연합활동 등 다양한 활동을 했었군.

→ 조직우호도는 이런 것으로 이야기할 수 있겠군!

'회사충성도는 어떻게 증명하는 거지?'

→ 제일 좋은 건 이 회사와 직·간접적인 경험이 있는 것이겠군.

→ 하지만 난 이 회사의 인턴을 해본 적도, 관련 참여활동도 해본 적이 없군.

→ 직접 관련이 없더라도 회사의 성향과 내가 맞다는 걸 말해주면 충성도를 증명하지

않을까?

→ 그럼, 이 회사는 어떤 회사지?

→ 기사를 검색하고, 회사 홈페이지를 둘러보니 이 회사는 문화를 만들어가는 기업이군.

→ 그래서 진취적이고 실패를 두려워 하지 않는 도전정신이 강한 사람을 원하는군.

→ 그런 것을 어필해서 이 회사와의 유관성을 말해줄 내 경력이 있을까?

→ 무난한 학벌, 무난한 학점, 무난한 영어성적, 남들 다 따는 자격증 몇 개까지···
특별히 이 회사에 비벼볼 만한 경험이나 경력이 없구나. 난.

→ 이 회사에서 만든 영화를 많이 보기도 했고, 이 회사가 만든 음식들도 좋아하지만 그
것만 가지고는 분명 부족해 보이는구나.

→ 도무지 내가 이 회사를 좋아하고, 이 회사에 오래 다니고 싶음을 증명할 수 있는 길이
없네!

문제점 도출

자기소개를 통해 직무역량, 조직우호도, 회사충성도를 어필하고 싶지만 일을 잘
한다고 말할 증거도, 이 회사를 좋아한다고 말할 수 있는 근거도 없는 그야말로
무난한 대학생 아무개로 나는 살아왔구나. 도대체 무슨 말을 자기소개에 해야
하지?

모 기업의 대학생 대상 마케팅기획
(면의 영역)

책상 앞에 앉은 회사원은 다음과 같은 고민으로 면의 영역을 시작한다.

'왜 대학생 대상으로 마케팅을 하려는 거지?'

→ 우리 기업의 주요 고객은 3040 직장인인데 왜 이걸 할까? 우린 금융권인대?

→ 아, 기존의 대상들은 이미 이용하는 은행이 어느 정도 정해져 있구나.

→ 쉽게 은행을 바꾸진 않을테니, 오히려 엔트리 유저에게 미리 작업하는 게 낫겠네.

→ 치열한 기업경쟁에서 아직 정해지지 않은 고객을 확보하는 차원의 기획이군. 이건!

'그럼, 대학생들에게 어떤 마케팅을 해야 하지?'

→ 우선 그들이 관심 있어 할 만한 것들에서 찾아야겠지.

→ 그들이 관심있어 하는 건 취업, 연애, 봉사활동, 사회경험 등이구나.

→ 지금까지 우리 기업은 그런 욕구를 충족시켜 주는 다양한 지원프로그램을 했구나.

→ 서포터, 봉사활동, 공모전 등등. 그런데 그런 것들은 경쟁사에서도 다 하고 있네.

→ 어지간한 건 이미 다 해봤거나, 남들도 하고 있구나.

'이런 것들을 다시 잘 다듬어서 실행한다고 대학생들이 좋아할까?'

→ 프로그램의 질에 따라 참여율은 어느 정도 나오는구나.

→ 특히 공모전, 봉사활동, 서포터처럼 이력으로 남길 수 있는 것이 참여율이 높네.

→ 그럼 이런 것들을 왜 해야 하지?

→ 그런데 막상 참여는 많이 했지만, 참여한 사람들 외의 대학생들에게는 전달이 잘 안 되네.

→ 대학생 전체를 대상으로 무언가를 하기에는 금전적으로 불가능일 텐데, 결국 참여한 대학생들을 통해 확산이 일어나지 않으면 성공한 마케팅이라 할 수 없겠구나.

→ 대학생들을 얼마나 참여시킬 수 있을 건가에 대한 마케팅 안이 아니라, 얼마나 많은 대학생들 입에 오르내릴 수 있는가에 대한 것에 방점을 찍어서 방안을 마련해야겠네!

'대학생들에게 확산이 일어날 수 있는 이야기란 그럼 뭐지?'

→ 결국 바이럴이 되어야 하는구나. 그들이 우리가 제공하는 프로그램에 대한 이야기를 스스로 퍼트릴 수 있게 만들어야 하는구나.

→ 쉽게 말해 자신의 SNS, 카카오톡 등의 개인 매체를 통해 누군가에게 전달할 수 있는 이야기, 기꺼이 전달하고 싶게끔 만드는 이야기를 만들어야 하는구나!

기획에서 기획을 덜어내라

'대학생들에게 어떠한 이야기를 해야, 스스로 확산시킬까?'

→ 일단 기업 홍보나 기업 광고 같은 이야기에는 반응을 안하는구나. 왜냐하면 그건 하나의 광고라고 생각하니까!

→ 곤란하네. 분명 우리도 땅 파서 장사하는 게 아닌데, 많이 퍼트리는 것도 중요하지만 우리 기업의 긍정적인 이야기를 퍼트려야 하는데, 이거 쉽지가 않네.

→ 공모전을 해도, 서포터 활동을 해도, 봉사활동을 하더라도 참여하는 시기에만 열심히 활동하지, 끝나고 나면 거기에 대해 이야기하지 않는 이유는 그런 활동들에 너무 기업의 홍보이야기가 많아서였구나.

→ 결국 기업의 이야기를 하지 않으면서 기업의 긍정적인 메시지를 전달해야 하는 건데, 이거 거의 미션 임파서블 아닌가?

'다르게 생각해 보자. 기업 빼고 대학생들 사이에서 이슈가 되는 이야기는 어떤 것들이 있을까?'

→ 페이스북 페이지, 주요 커뮤니티에서 큰 이슈가 되어 확산되는 이야기들은 어떤 공통점이 있을까?

→ 간절한 누군가의 사랑이야기 혹은 어떤 기업이 했던 너무나 좋은 활동들, 아니면 크게 한 번 웃고 시시덕거릴 재미난 이야기, 남의 일이 아니라 내 일처럼 느껴지는 이야기들까지··· 이런 이야기들이 퍼지는구나.

→ 결국 공감에 대한 이야기구나. 자기가 충분히 공감할 수 있고, 그 감정을 다른 누군

가와 공유하고 싶은 이야기를 대학생들은 확산시키는구나!

문제점 도출

결국 정리해 보면, 기업 홍보이야기를 최대한 하지 않으면서 대학생이 공감하여 기꺼이 확산시킬 수 있는 이야기를 해야 한다는 거네. 그런 이야기를 해야만 이 마케팅 안이 참여하는 사람들만의 잔치가 아닌 모든 대학생에게 알려줄 수 있는 마케팅이 될 수 있겠구나. 그러면서도 우리 기업에 대한 호감도까지 올려야 하네. 어떤 방법이 있을까?

기획에서 기획을 덜어내라

Case 1-3

치킨집의 판매전략기획
(면의 영역)

치킨집 사장님이 손님 없는 테이블에 앉아 다음과 같은 고민을 시작한다.

'치킨집이 잘되어야 하는데, 현재까지 매출은 그럭저럭 나오는데 앞으로도 좋을까?'

⟶ 나와 배달거리를 공유하는 거리 내에 두 달 사이 치킨집이 3개나 더 생겼네, 왜?

⟶ 아파트 분양도 거의 마무리되고, 상가들도 늘어나서 그렇구나.

⟶ 3개 중 2개는 프랜차이즈 치킨집이네?

⟶ 프랜차이즈가 냄새 맡고 들어오는 거면 그만큼 상권이 활성화됐다는 의미니까 긍정적으로 볼 수도 있겠지만, 동시에 그만큼 경쟁자가 많아졌다는 의미도 되네.

⟶ 커지는 시장만큼 경쟁도 이제 더 치열해지겠구나!

'이런 상황에서 내게 제일 필요한 게 뭐지?'

⟶ 매출이 최소한 지금처럼 유지되거나 증가하는 거겠지. 당연히!

⟶ 그런데 내가 있는 지역은 유동인구가 많은 지역이 아니라 거주인구가 많은 지역이잖아?

→ 매출을 봐도 세 번 이상 시켜먹은 고객의 비율이 신규고객보다 더 많고 말야.

→ 즉, 새로운 고객을 발굴하는 것 이상으로, 기존 고객을 계속 유지하는게 더 중요하겠네.

→ 내게 제일 필요한 건 다수의 고정고객 확보, 즉 단골을 더 많이 만들어야 하는구나!

'그럼, 단골을 만들기 위해 뭐가 더 필요할까?'

→ 서비스? 그건 대부분의 치킨집이 비슷할 텐데.

→ 밝은 인사성? 그건 당연히 해야 하는 거고.

→ 어떤 상황에서 고객들은 단골이 되지?

→ 그 가게에 반드시 가야 할 이유가 있을 때구나.

→ 단골들에게 우리 가게를 선택해야 할 이유를 만들어 줘야겠네!

'우리 가게를 선택해야 할 이유, 뭘 말해줄 수 있지?'

→ 메뉴의 차별화로 가능할까?

→ 아니야, 이미 간장, 매운, 마늘, 파, 불닭, 바비큐 등 메뉴는 차고 넘쳐.

→ 다른 음식 두 가지를 결합해 볼까? 가령 치킨과 떡볶이, 치킨과 돈까스처럼.

→ 아니야, 오히려 전문성이 떨어져 보일거야, 나조차도 치킨이랑 떡볶이를 같이 파는

곳은 왠지 전문성이 떨어져 보여서 잘 안시키니까 말야.

→ 더군다나 다양한 메뉴를 준비하면 오히려 재료비 등 여러 문제로 이익이 감소할거야.

→ 메뉴의 차별화는 정답이 아닌 거 같다. 그건 이슈용이지 단골용은 아니니까!

'내가 자주 가는 단골가게들을 생각해 보자. 왜 그곳을 갈까?'

→ 어떤 곳은 맛이 있어서, 또 어떤 곳은 사장님이랑 친해서.

→ 그런 것들도 이유가 될 수 있긴 하지만, 다른 곳은 없을까?

→ 아, 그러고 보니 내가 자주 가는 해물찜 집이 있었네.

→ 갑각류 알러지가 있는 내게 거긴 미리 알아봐 주고, 갑각류 대신 다른 해물류를 많이 주지.

→ 다른 곳에 가면 양만 빠져서 손해보는 기분인데 거기는 보상을 해주니까 자주 가게 되는구나.

→ 그 해물찜 집은 내가 원하는 걸 알아서 맞춰주는구나.

→ 손님이 원하는 것, 손님의 욕구를 맞춰주는 곳이 단골을 확보하는구나!

문제점 도출

아, 앞으로 더욱 치열해질 치킨집 경쟁에 이기기 위해서는 단골고객을 확보해야 하고, 단골을 확보하기 위해서는 이걸 고민해야겠네. 손님들이 원하는 욕구 중에 아직 다른 치킨집이 충족시켜주지 못한 욕구의 해결책 말야. 그런데 그게 뭐가 있을까?

PART 04

선 : 생각을 이어
이야기를 만든다

#01 선의 영역,
생각을 글로 정리하는 작업

선의 영역은 한마디로 면의 영역을 지나 만들어진 생각을
글로 정리하는 작업이다.

이 영역을 설명하면서 나는 다음과 같은 이야기를 할 것이다.

'기획은 두괄식이어야 한다'는 주장을 먼저 할 것이다.

대부분의 사람들이 하고 있는 미괄식 구조의 문제점을
두괄식이 가진 장점과 두괄식이 가능한 이유를 설명할 것이다.

다음으로

'선의 영역의 핵심은 글 PT'란 이야기를 할 것이다.

글 PT 안에서

'논리성을 검증하는 방법'

'근거자료를 기입하는 요령'

'지식을 도구로 활용하는 방법과 이유'

'글에는 무엇보다 필력이 중요함'을 주장할 것이다.

마지막으로

'해석하기의 중요성'과

'강약 조절을 통한 내용의 배분'을 추가적으로 말할 것이다.

이런 선의 영역을 통해 당신이 기획하고자 하는 주장은
마침내 글이 되고, 전달할 수 있는 이야기로 가공된다.

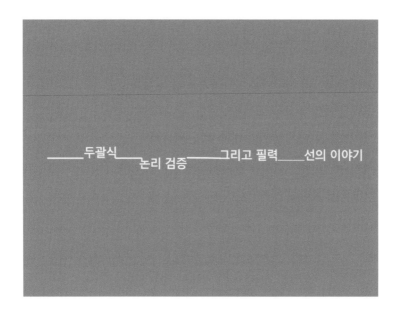

#02 선의 영역이란
이야기의 시작을 말한다

'구슬이 서 말이라도 꿰어야 보배다'는 속담처럼
서 말의 구슬을 모으는 것이 면의 영역이라면
서 말의 구슬을 꿰어가는 것이 선의 영역이다.

선의 영역이란 이야기를 만들어가는 영역이다.
면의 영역을 통해 머릿속에 입력된 정보들과
그 정보들로 인해 그려진 대략적인 구상들을
하나의 일관성 있는 이야기로 조립하는 것!
그것이 선의 영역이다.

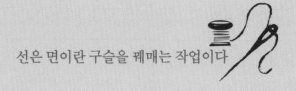

선은 면이란 구슬을 꿰매는 작업이다

#03 선은 두괄식으로 만들어야 한다

(1)

조금 주관적인 이야기를 하고자 한다.

아직까지 논쟁의 여지가 있는

혹자는 이 말에 동의하지 않을 이야기.

나는 기획의 흐름은 두괄식이어야 한다고 생각한다.

'바꾸고자 하는 구체적인 목표의 선 제시'

'그 목표를 중심으로 한 논리 전개'

'구체적인 목표를 저해하는 문제점 제시'

이런 두괄식 흐름이야말로 기획의 이상적 형태이다.

하지만 처음 기획을 할 때

대부분은 미괄식 구성으로 기획을 하게 된다.

구체화되지 못한 다소 넓은 목표에서 출발해

전체적인 상황분석,

상황분석에서 찾은 문제점을 제시하고

이에 대한 해결책을 제시하는,

언뜻 보면 두괄식과 미괄식은 큰 차이가 없어 보인다.

하지만 다음에 나오는 두 가지 사례를 살펴보면

이 둘의 차이를 쉽게 알 수 있다.

그러니까, 내가 할 말은 말야

Vs

내가 할 말은 이거야, 왜냐하면

작아보이지만 큰 차이

#03 선은 두괄식으로 만들어야 한다
(2)

몇 년 전 대학생 교육 프로그램을 만들었다.

이를 팔아야 했다. 많은 대학교에 제안했으나

실적과 경험이 없다는 이유로 거부 당했다.

새로운 구매처를 개척하기 위해 우리가 찾은 곳은 지자체였고,

대구 출신인 우리는, 대구광역시 시장을 독대하여 만났다.

우리가 다음과 같이 미괄식으로 이야기를 했다면 어땠을까?

"시장님, 귀중한 시간 내어주셔서 감사드립니다. 저희는 대구에서
30년을 보냈습니다. 그리고 지방대학교를 나왔습니다. 그런 저희에
게 취업은 무척 힘든 일이었습니다. 저희와 같은 많은 지방의 청춘
들이 지금도 취업에 힘들어 하고 있습니다.

대구시에는 여러 좋은 프로그램들이 있습니다. 취업에 대한 정보
제공 프로그램도 있는 것으로 알고 있습니다. 하지만 취업에 실질
적인 도움을 주는 프로그램은 아직 없습니다.

학벌을 뛰어넘을 수 있는 공모전 수상을 이루어주는 프로그램이 저

희에게 있습니다. 60번의 수상 경력과 수십 차례의 강연 경험도 있습니다. 우리는 청년들이 상을 받게 만들 수 있습니다. 이 프로그램을 대구광역시의 지원을 받아 진행하고 싶습니다.

이 프로그램을 진행하게 된다면 많은 대구 청년들의 취업 경쟁력을 강화시킬 수 있습니다. 이는 대구광역시에서도 분명 의미 있는 일이 될 것입니다. 무엇보다 그렇게 도움받은 청춘들이 대구를 사랑하게 될 것입니다. 시장님으로써 청춘들에게 줄 수 있는 최고의 선물이라고 자신합니다.

저희에게 한 번의 기회를 주시지 않겠습니까?"

과연 팔렸을까?

우리가 말했던 방식은 두 번째 선의 방식이었다.

한국말은 끝까지 들어봐야 알아, 기획도 그래야 할까?

#03
(3)
선은 두괄식으로 만들어야 한다

앞의 이야기를 <u>두괄식</u>으로 구성해 보았다.

"시장님, 정치인과 공무원은 다르지 않습니까? 시장님을 보좌하는 공무원은 현재의 현상유지가 제1목적입니다. 하지만 시장님은 미래를 만들어가는 정치인이지 않습니까? 시장님에게 필요한 건 민심이며, 민심은 변화로부터 만들어집니다.

그 변화란 결국 유권자의 이익입니다. 그 이익을 가져다 줄 의미있는 이야기를 가지고 왔습니다. 대구광역시에서 가장 유동성향이 강한 표심은 20대입니다. 그런 20대는 지금 취업 지옥을 겪고 있습니다. 취업 해결을 위해 다양한 프로그램이 있다고는 하지만, 결국은 정보 전달 혹은 위로일 뿐 경쟁력 강화를 위한 프로그램은 없습니다.

이유는 간단합니다. 그러한 역량을 가진 이가 많지 않기 때문입니다. 지방대를 나온 우리가 성공적인 취업을 할 수 있었던 핵심은 공모전이었습니다. 우리는 60번의 상을 받았고, 수십 번의 수상을 만들어낸 교육 경험도 있습니다. 이를 활용해 대구의 청춘들에게 공모전 전문교육을 실시해 스펙을 만들어 준다면, 그런 그들이 수상 경력의 도움을 받아 취업에 성공했을 때 누구를 고마워하겠습니까?

시장님이 대구를 사랑하는 것을 잘 알기에, 그걸 위해 많은 노력을 해오신 걸 알기에, 대구의 더 많은 사람들이 시장님의 마음을 알고 공감하길 원합니다.

대구의 청춘들을 위해, 정치인으로 살아가는 시장님을 위해, 이 프로젝트, 저희를 믿고 한 번 해보지 않겠습니까?"

교육 경험 및 성과가 없어서 진행할 수 없다던
공모전 교육을 처음 계약한 곳은
교육업이 가장 진입하기 힘들다는 곳, 지자체였다.
'공모전 헌터스쿨'이라는 우리의 대표 교육 프로그램은
이렇게 탄생했다.

이런 말을 듣게 만드는 기획, 두괄식 기획이다!

"Well, Keep going" [오호라, 계속 해봐]

선은 두괄식으로 만들어야 한다

'엘리베이터 스피치'라는 것이 있다.

의사결정권자를 엘리베이터 안에서 만났을 때

엘리베이터가 올라가는 1분이란 시간 안에

프로젝트를 설명할 수 있는지를 평가하는 스피치다.

나는 여기에 기획의 중요한 요소가 있다고 생각한다.

기획은 누군가를 설득하는 행위이고,

그 누군가를 설득하기 위해 이야기를 한다는 것은

그 사람이 시간을 할애한다는 의미이다.

그 시간을 낭비시키기 않기 위해서는

핵심을 가장 간결하고 임팩트있게 전달해야 한다.

그런 면에서 두괄식은 유리하다.

이미 가장 중요한 결론을 먼저 말하기 때문이다.

결론을 말한 뒤에 나오는 이야기에는 거품이 없다.

두괄식 기획이 더 필요한 첫 번째 이유다.

당신의 시간을 삽니다.
대가는 임팩트입니다.

#03 선은 두괄식으로 만들어야 한다
(5)

설득은 청자의 집중력을 요하는 작업이다.

들어주는 이의 집중력은 욕망과 맞닿아 있다.

군대를 가는 사람에게는 군 생활에 대한 이야기가

취업을 원하는 이에게는 취업에 대한 이야기가

집중력을 만드는 것처럼!

선의 영역에서 언급한 것처럼

구체화된 목표에는 청자의 욕망이 담겨져 있다.

이는, 구체화된 목표 제시로 이야기를 시작한다는 것은

듣는 이의 욕망을 자극시키며 이야기를 시작할 수 있다는 뜻이다.

그 목표에 듣는 이의 욕망이 들어있다면

집중력은 자연스럽게 올라가고

설득의 확률도 함께 올라가게 된다.

대구광역시 시장을 만났던 예로 다시 설명하면,

비괄식의 이야기는 우리의 이야기로 시작하지만

두괄식의 이야기는 정치인의 욕망에 대한 이야기로 시작한다.

듣는 이의 욕망을 먼저 건드릴 수 있다는 것은
그만큼 집중을 얻어내기 쉽다는 뜻이고
집중을 얻어냈다면, 설득의 가능성도 올라갔다는 뜻이다.
이 역시도 기획이 두괄식이어야 하는 이유이다.

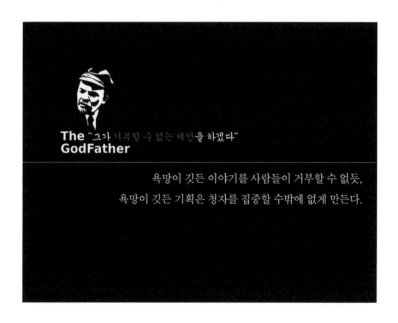

#03
(6)
선은 두괄식으로 만들어야 한다

이처럼 두괄식 구조는 여러모로 기획에 유리해 보인다.

하지만 처음 기획을 배울 때

대부분은 미괄식 구성으로 기획을 시작한다.

나 역시도 그랬다. 왜일까?

왜 대부분의 사람은 미괄식의 구성으로 기획을 하는 것일까?

이유는 단순하다.

대부분의 교육에서

기획을 미괄식으로 이야기하기 때문이다.

대부분의 기획 책에서, 대부분의 기획 강연에서

거의 모든 기획의 흐름을 미괄식으로 가르친다.

주어진 목표에 따라

STP든, SWOT이든, 아니면 자료조사든

상황분석을 하고 문제점을 발견한 뒤에

해결책을 제시하고 전략을 구성하라.

이 교육방식에 따라 기획을 배우게 되면

당연히 미괄식 기획을 하게 된다.

교육의 흐름 자체가 이미 미괄식이기 때문이다.

#03 선은 두괄식으로 만들어야 한다

(7)

Q. 그렇다면 모든 기획은 기존의 교육방식을 벗어나
   두괄식으로 가능할까?

A. 가능하다.
이유는 이미 면의 영역을 지났기 때문에
면의 영역의 필요성을 인지하고
그 영역을 앞선 설명처럼 충실하게 거쳐왔다면
모든 기획은 두괄식 기획이 가능해진다.
면·선·점, 각 단계의 완성도는 다음 단계에 영향을 미친다.
<u>면의 영역을 제대로 지나왔다면 선의 영역에도 영향을 주며</u>
<u>그 영향이 바로, 두괄식 기획이다.</u>
면의 영역에서 질문을 통해 상황을 인식하고
목표를 방해하는 문제점을 발견한 뒤
이를 조합하여 목표를 구체화시켰다면
두괄식 기획은 이미 시작되었다.

구체화된 목표에는 이미 문제점이 들어있고
그 문제점에는 상대의 욕망이 포함되어 있기 때문이다.
그 욕망의 건드림으로 시작하는 기획,
그것이 두괄식이다.

'내가 사귀고 싶은 사람이 있는데 말야'는 미괄식이지만
'영화에 미쳐있는 여자를 영화 싫어하는 내가 어떻게 꼬실까?'는
이미 두괄식인 것이다.

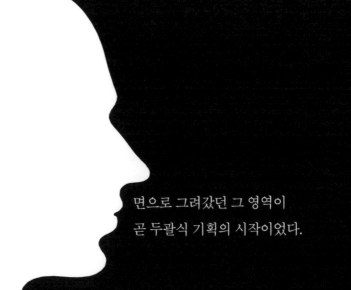

면으로 그려갔던 그 영역이
곧 두괄식 기획의 시작이었다.

#03 선은 두괄식으로 만들어야 한다
(8)

두괄식과 미괄식의 차이는 의식과 의도의 차이와 같다.

<u>미괄식은 '의식'을 따라가지만</u>

<u>두괄식은 '의도'를 따라간다.</u>

미괄식으로 기획을 하게 되면

기획의 흐름은 일반적으로 다음과 같아진다.

1) 주어진 목표를 말한다.

2) 상황분석을 한다

3) 상황분석을 통해 문제점을 발견한다

4) 문제점을 해결하는 단계 및 전략을 수립한다

이 흐름은 곧 의식의 흐름과도 일치한다.

기획자의 최종 결론은 뒤에 나오게 된다.

이는 곧 기획자가 청자를 자극시킬 욕망도 뒤에 있음을 의미한다.

의식의 흐름에서는 욕망을 자극하기 전까지 상황 설명이 불가피하다.

반면 두괄식 구조는 이미 만들어 놓은 결론이 존재한다.

주관이 존재한다는 얘기다.

그 결론을 중심으로 이야기를 펼쳐 나가면

기획은 의식이 아닌 기획자의 의도를 따라가는 구조가 된다.

처음 시작부터 청자의 욕망이, 기획자의 관점이 들어가게 되고

그렇게 불필요한 설명이 빠진,

오직 설득을 위한 기획이 시작된다.

알만한 사람은 다 아는 **유명한 어느 회사 사장**의 마인드
"집어 치우고, 결론부터 말하시오. 나를 설득할 무기가 뭐요?"

의식이 아닌 의도를 묻는 클라이언트가 늘어가고 있다.
미괄식 기획의 종말이 다가오고 있다.

#03 선은 두괄식으로 만들어야 한다
(9)

의도를 따라가는 두괄식 구조를 보다 구체적으로 살펴보자.

1) 면의 영역을 통해 구체화된 목표를 설정한다.

2) 구체화된 목표를 먼저 제안한다 **(두괄식 구조)**.

3) 그 목표에 진입하기 위한 상황 설명을 한다 **(상황분석)**.

4) 목표를 방해하는 상황상의 걸림돌을 지적한다 **(문제점 발견)**.

5) 문제점 해결에 대한 방향을 제시한다 **(이어지는 점의 영역)**.

언뜻 보면 의식을 따라가는 구조와 동일해 보인다.

그 이유는 결국 기획에 들어가는 요소들은

변함에는 큰 변화가 없기 때문이다.

하지만 각 단계는 모두 기획자가 미리 정한 의도에 따라 진행된다.

바로 이 차이가 기획을 크게 바꿔 놓는다.

취업이 힘들었다는 이야기로 시작하는 기획과

정치인과 공무원은 다르다는 이야기로 시작하는 기획처럼 말이다.

교육 프로그램 제안이라는 목적은 같더라도
설득의 강도는 달라지게 된다.
<u>설득의 강도를 기획의 순도로 표현해 본다면,</u>
<u>결국 의도에 따른 기획이</u>
<u>그렇지 않은 기획보다 훨씬 순도가 높은 기획이 되는 것이다.</u>
예를 든 프로그램 제안의 두 가지 방식을 구조적으로 살펴보자.
의식과 의도, 미괄식과 두괄식의 차이를 더 쉽게 알 수 있을 것이다.

설득의 순도는 같은 결론이더라도
전달 방식의 차이에 따라 크게 달라질 수 있다.

#03 선은 두괄식으로 만들어야 한다

(10)

<의식의 기획 흐름(미괄식)>

❶ 프로그램 제안을 위해 시장을 만나게 되었다.

❷ 해당 프로그램을 제안하는 배경을 이야기하자.

❸ 다른 프로그램과의 차별성을 말하자(실질적 혜택 제공).

❹ 할 수 있는 역량을 설명하자(공모전 60관왕, 강연 경험).

❺ 프로그램의 효과와 가치를 어필함으로써 설득력을 높이자.

<의도의 기획 흐름(두괄식)>

❶ 프로그램 제안을 위해 시장을 만나게 되었다.

❷ 물건을 팔 때는 물건 효과가 아니라 소비자 가치를 이야기하라고 했는데, 우리는 지금 시장님이란 소비자에게 프로그램이라는 물건을 파는 거잖아. 왜 시장님이 가지는 욕망에 대한 고민을 하지 않았지? 시장님의 욕망은 무엇일까? 시장님은 시청에서 근무하는 거의 유일한 정치인이네. 정치인의 욕망은 결국 표심. 아, 이 프로그램이 청년들에게 노움이 된나가 아니라 정치인인 시장님께 도움이 된다

는 이야기를 먼저 해야겠네(면의 영역을 통한 목표의 구체화).

❸ 정치인은 표심이 필요하다. 표를 가져다 줄 이야기를 가져왔다.

❹ 표가 안 잡히는 층은 20대다. 그들에게 직접 이익을 줘야 한다.

❺ 그들이 애증을 가지는 분야, 바로 취업이다.

❻ 거기에 도움을 주는 프로그램을 만들었고 역량도 있다.

❼ 시장인 당신을 위해, 청년을 위해, 우리를 위해 프로그램을 같이
   하자고 이야기하자.

어느 만화의 멋진 명언   기획에서 이 한 가지 창은
"백 가지 무기도 뱃속에 숨긴 한 개의 창은 못 이긴다"   상대의 욕구를 관통하고 시작할 때 만들어진다.

선 : 생각을 이어 이야기를 만든다

#04
(1)
두괄식 기획을 적는 첫걸음, 글 PT

여기까지 이해했다면 이제는 메모장으로!

지금까지 두괄식 구조에 대한 필요성을 말해왔다.
지금부터는 본격적으로 기획을 선으로 잇는 작업에 대해 말하겠다.
세밀한 그림에는 밑그림이,
정밀한 조각을 위해서는 뼈대가 필요하다.
기획에 있어서도 밑그림과 뼈대가 필요하다.
머릿속에 만들어진 이야기를
기획서로 풀어내기 전에 밑그림을 그릴 공간이 필요하다.
그 공간은 흔히들 생각하는 파워포인트가 아니다.
가장 단순한 입력도구, 메모장이다.

메모장 위에 지금까지 면의 영역을 거쳐 만들어진 이야기를
처음부터 정리하듯 써내려가라.
이 메모장에서 선의 영역을 매끄럽게 만들 모든 작업들이 시작된다.

기획에서 기획을 덜어내라

모든 복잡함에는 밑그림이 필요하다.
기획의 선의 영역도 마찬가지다.

#04 / (2) 두괄식 기획을 적는 첫걸음, 글 PT

메모장을 여는 이유는 한 가지다.

바로 논리적 구조의 확립이다.

머릿속에 구상한 기획을 바로 기획서에 옮기는 경우

논리적 구조가 무너지는 경우가 가끔 발생한다.

PPT의 경우 한 장 한 장이 단절된 구조이기 때문에

전후의 맥락을 지속적으로 파악하기 어렵다.

여기에서 논리의 비약 혹은 구멍이 발생할 수 있다.

또한 기획서를 PPT로 바로 옮기게 되면

논리의 흐름뿐만 아니라 제시하는 주장에 대한 자료도

함께 작성해야 한다.

기획의 흐름뿐만 아니라 각 내용의 증거자료도 함께 작성하다 보면

글 자체에 대한 집중력이 흐트러지게 되고,

이는 논리의 상실로 연결된다.

글이 흐트러진 기획은 그 자체로 치명적이다.

논리적인 흐름을 잡기 위해
오직 기획의 글에 집중하기 위해
전체를 볼 수 있는 밑그림 작업은 필수이며
메모장은 그런 의미에서 아주 필요하다.

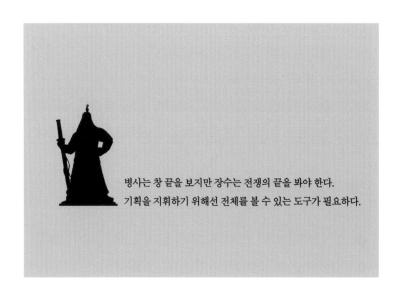

병사는 창 끝을 보지만 장수는 전쟁의 끝을 봐야 한다.
기획을 지휘하기 위해선 전체를 볼 수 있는 도구가 필요하다.

#04/(3) 두괄식 기획을 적는 첫걸음, 글 PT

메모장에 쓰는 글을 나는 '글 PT'라고 부른다.

<u>글 PT, 곧 글로 써내려가는 프레젠테이션이라는 의미이다.</u>

글 PT를 적고 거기에 여러 작업을 거침으로써

선의 영역은 조금씩 완성되어 하나의 이야기, 기획의 글이 된다.

지금부터 글 PT에 어떠한 작업들이 들어가는지 설명하려 한다.

좀 더 이해를 쉽게 하기 위해 예전에 적었던

실제 글 PT의 일부를 예시로 쓰고자 한다.

보여줄 예시는 대한민국 공익광고대회에서 대상을 받았던 기획이다.

수집한 자료와 문제점을 조합하여 다음과 같은 글 PT를 작성했다.

〈기획 과제 : 가족사랑 커뮤니케이션〉

❶ 시간의 공유가 불가능한 현대의 가족에게 새로운 대안을 제시하겠다.

❷ 정다운 가족이란 것이 옛말이 되고 있는 요즘이다.

❸ 정을 나누고 살아가기엔 우리의 가족들은 가자 너무나 바쁜 삶을

살고 있다.

❹ 결국 가족 간의 관계형성이 어려운 큰 이유 중 하나는 함께하는 시간의 부재이다.

❺ 시간의 부재는 현대의 자화상이기에 광고나 캠페인으로 바꾸기엔 무리가 있다.

❻ 결국 시간의 공유를 대체할 수 있는 새로운 대안을 만들어야 한다.

최초 주제는 가족사랑 캠페인이었으나 면의 영역을 거친 후
시간의 공유가 불가능한 가족들에게 주는
새로운 대안이라는 주제로 구체화했다.
그리고 이 글 PT를 중심으로 글 PT의 다듬기 작업을 시작했다.

글로 만드는 프레젠테이션

#04
(4)

두괄식 기획을 적는 첫걸음, 글 PT

글 PT의 첫 번째 다듬기는 논리성 검증이다.

생각과 글은 서로 연관되어 있지만 분명 다르다.

생각은 두서가 없는 경우가 많다.

그래서 생각을 글로 옮기면 어색함이 발견되곤 한다.

흐름이 자연스럽지 않다는 건 논리성이 결여되었음을 의미한다.

글을 보며 논리적인 흐름을 다 잡는 것,

그것이 첫 번째 다듬기이다.

3) 정을 나누고 살아가기엔 우리의 가족들은 각자 너무나 바쁜 삶을 살고 있다.

4) 결국 가족 간의 관계형성이 어려운 큰 이유 중 하나는 함께하는 시간의 부재이다.

3번과 4번 사이에는 논리적 비약이 있었다.

바쁜 삶과 관계형성 사이,

이 두 가지가 어떠한 역학관계가 있는지가 빠져있나.

보완을 위해 조사를 했고 발달심리이론을 발견, 이를 추가해 보았다.
그렇게 다시 정리해 보니

3) 정을 나누고 살아가기엔 우리의 가족들은 각자 너무나 바쁜 삶을 살고 있다.

4) Marianne Corey의 발달심리이론에 따르면 관계형성의 가장 핵심은 접
   촉이다.

5) 결국 접촉이 부족한 바쁜 삶은 관계형성을 막는 가장 큰 장벽인 셈이다.

보다 논리적인 이야기 구성이 완성된 것을 알 수 있다.
이런 식으로 글 PT의 한 줄 한 줄을
교차비교하며 논리성을 검증하는 것,
이를 통해 자신의 글은 보다 논리성을 가지게 된다.

논리의
Missing Link를 찾는 작업

#04 ₍₅₎ 두괄식 기획을 적는 첫걸음, 글 PT

다듬기의 두 번째 작업은 근거자료 표기이다.

기획은 그 자체로 하나의 주장이다.

주장에는 근거가 필요하다.

사실, 선의 영역의 모든 이야기들은 이미 근거가 있을 것이다.

면의 영역을 거치면서 이야기가 만들어졌다는 것은

어디선가 그 이야기를 근거할 자료를 보았다는 의미이기 때문이다.

2) 정다운 가족이란 것이 옛말이 되고 있는 요즘이다.

이 말을 할 수 있었던 것은

'요즘 가족은 어떻지?'라는 질문을 해서였고,

여러 신문 기사나 가족 간의 소통 부재와 관련된 자료를

답으로 찾았기 때문일 것이다.

<u>그 자료의 출처나 내용을 간략하게 표기하는 것,</u>

<u>이것이 두 번째 다듬기이다.</u>

기획에서 기획을 덜어내라

2) 정다운 가족이란 것이 옛말이 되고 있는 요즘이다.

_중앙일보 06.15, 가족부 통계자료 / 기사 URL 첨부

자료 표기를 지금 완료해 두면

나중에 기획을 기획서로 옮길 때 편해진다.

반대로, 지금 알고 있는 내용이라 하더라도 제대로 표기하지 않으면

기획서로 옮길 때 '아, 그때 이거 관련 자료 어디서 봤는데'라며

다시 검색하거나 찾아야 하는 번거로움을 맞게 된다.

그런 번거로움을 없애고

미리 글의 내용을 증거할 관련자료들에 대한 표시를 해두는 것,

이를 통해 내가 쓰는 말들은 점차 기획의 언어들로 발전한다.

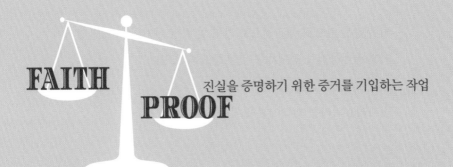

#04/(6) 두괄식 기획을 적는 첫걸음, 글 PT

다듬기의 세 번째 작업은 유식한 척 해보기다.

나는 유달리 기획에 이론과 법칙을 쓰는 것을 혐오한다.

그럼에도 불구하고 아직 몇몇의 사람들은

쉬운 말보다는 어려운 말을, 진실하다고 믿는다.

그런 사람들을 설득해야 한다면

필연적으로 그들의 요구(라 쓰고 수준이라 읽고 싶다)에

부응해야 할 때도 있다.

그럴 경우 이론화 작업이 필요해진다. 다음의 예를 보자.

6) 결국 시간의 공유를 대체할 수 있는 새로운 대안을 만들어야 한다.

이 부분은 앞으로 해결책으로 가야 할 방향 선언의 의미가 있기에

여기에서 공감을 얻어내는 것이 중요해 보였다.

설득에 관련된 이론을 찾아 보았고,

빈자리효과라는 심리이론을 찾아냈다.

이 이론을 추가로 적용하여 다듬기 작업을 해보았다.

6) 결국 시간의 공유를 대체할 수 있는 새로운 대안을 만들어야 한다.
 – 빈자리효과를 적용, 시간 공유와 비슷한 요소를 보이는 다른 대안책 마련
   을 역설

이런 식으로 설득에 필요한 유식함(?)을 만드는 것,
다듬기의 세 번째이다.

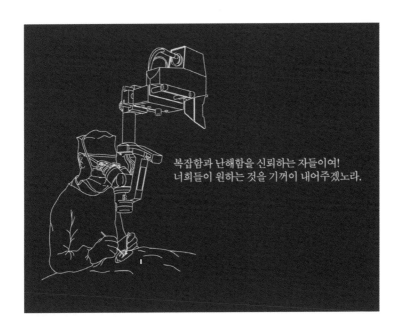

복잡함과 난해함을 신뢰하는 자들이여!
너희들이 원하는 것을 기꺼이 내어주겠노라.

#04
두괄식 기획을 적는 첫걸음,
글 PT
(7)

세 번째 유식한 척하기란 부분에서 조금 더 할 말이 있다.

사실 이 내용을 써야 할지 말아야 할지 꽤나 고민했었다.

다시 말하지만,

나는 어떤 복잡한 이론 없이도 기획은 가능하다고 믿기 때문이다.

좀 더 정확히는

복잡한 이론을 적는 것이 기획이 아니라

그 이론을 알기 쉽게 표현하는 것이 기획이라 믿는다.

'기획하는 이는 최대한 똑똑하게'

'기획하는 말은 최대한 단순하게'

내가 가진 모토이다.

하지만 어쩔 수 없이 이론과 법칙을 넣어야 한다면

당부하고 싶은 말은 절대로 주객전도를 하지 말라는 것이다.

이론과 법칙들은 당신의 기획을 설명하는 도구에 불과하다.

이론과 법칙들이 반드시 있어야 기획을 할 수 있는 것은 결코 아니다.

STP를 통해야만 기획을 쓸 수 있는 것이 아니라

기획 전개를 전문적으로 보이게끔 포장하고 싶어 STP를 쓰는 것이다.

SWOT으로 무조건 전략 설정의 방향을 만드는 것이 아니라

때로는 SWOT을 통해 구상해 놓은 전략을 설명할 수 있는 것이다.

어차피 기획에 욕심이 생긴다면

더 잘하고 싶은 마음에 스스로 여러 기획 이론을 찾아보게 된다.

그렇게 찾다 보면 그런 이론들이 완벽해 보이는 순간이 찾아온다.

그렇게 초보자가 중급자로 넘어가는 동안

대부분 '지식의 저주'에 갇힌다.

처음 기획을 했을 때의 고민과 질문은 사라지고

어설프게 알게 된 몇 가지 법칙들로 기획을 포장하게 된다.

지식의 저주를 경계하라!

'유식'을 도구로만 사용하라!

'유식'에 휘둘리지 마라!

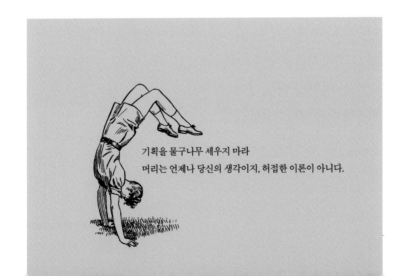

기획을 물구나무 세우지 마라
머리는 언제나 당신의 생각이지, 허접한 이론이 아니다.

#04
/(8)

두괄식 기획을 적는 첫걸음, 글 PT

마지막 다듬기는 일종의 기획의 메이크 업이다.

언어라는 도구로 설득할 때, 언어는 두 가지 요소로 나뉘게 된다.

'내용'과 '표현'이다.

같은 내용이라 하더라도

어떻게 표현하는가에 따라 설득의 정도가 달라진다.

글 PT는 기획서 작성을 위한 밑그림이다.

밑그림이 아름다울수록 본 그림도 아름다워지는 법이다.

그래서 마지막으로 다듬어야 할 것은 표현이다.

3) 정을 나누고 살아가기엔 우리의 가족들은 각자 너무나 바쁜 삶을 살고 있다.

<u>같은 문장이라도 좀 더 매력적으로 보이도록 고민하는 것,</u>
<u>그것이 마지막 다듬기다.</u>

읽기에 좀 더 자연스럽게

듣기에 좀 더 극적이게

설득 당하는 이가 이야기의 문장에 매료되게, 그렇게 다듬는 것!

3) 각자의 오늘을 공유할 수 없을 만큼의 치열함, 정을 나눈다는 것이 사치가
   된 요즘이다.
   – 취준생의 치열한 하루일과표, 직장인의 평균 근무시간, 아침밥을 함께 먹
     지 못하는 통계자료

글 PT든, 기획이든
결국은 글이다. 글의 핵심은 결국 필력이다.
필력으로 기획을 매력적으로 꾸미는 것,
그것이 글 PT 다듬기의 마지막이다.

화장의 화룡점정이 립스틱이듯,
글 PT의 마지막은 글 그 자체에 대한 다듬기다.

#05 기획의 선을 잇는 도구는
(1) 결국 글이다

복수전공을 선택할 때 문예창작학과를 선택했다.

모두가 의외라고 말했고, 누군가는 반대했다.

기획자를 꿈꾸는 녀석이, 경영학도 아닌 문예창작학이라니.

하지만 수많은 수상을 하고

그것보다 더 많은 기획서를 쓰고 난 뒤 깨달았다.

이론과 내용만으로는 100% 확신에 찬 설득을 만들 수 없다는 것을!

<u>결국 사람을 설득시키는 아주 중요한 요소이자</u>

<u>대부분의 기획자가 가지고 있지 못한 한 가지는</u>

<u>글, 바로 글 그 자체였다.</u>

아무리 많은 질문을 해도

그렇게 해서 아무리 좋은 답과 문제를 찾았다고 해도

그걸 매력 있게 이야기하지 못하면 의미는 반감된다.

263권!

내가 기획을 제대로 공부하며 읽었던 광고·마케팅 관련 책들이다.

그리고 어느 순간, 나는 그런 류의 기술서적 읽기를 멈추었다.

그 대신 에세이를, 시를, 소설을 읽었다.

괴테를 만났고, 마크 트웨인을 알아갔으며, 박민규를 탐독했다.

기획의 기술을 익히는 것은 쉽다.

기획의 이론을 익히는 것은 쉽다.

하지만 기술과 이론은 설득의 전문가는 만들어도

설득의 대가는 만들지 못한다.

사람은 알파고가 아니다.

설득은 논리와 내용만으로 이루어지지 않는다.

<u>마음의 움직임, 결국은 글이란 감성으로 귀결된다.</u>

<u>선의 영역은 글쓰기와 맞닿아 있을 수밖에 없다.</u>

이 말 한마디 하기가, 참 지독히도 어려웠다.

신이 모든 곳에 있을 수 없어, 어머니를 만드셨다
어머니의 사랑에 대해 이 한 줄의 글보다 강한 이론이 존재할까?

#05 기획의 선을 잇는 도구는
결국 글이다
(2)

이 한마디가 지독히 어려웠던 이유는

기획을 알려주려는 내가, 그것은 자신 있던 내가,

글을 가르칠 주제가 안 된다는 것을 너무나 잘 알고 있었기 때문이다.

한 학생의 눈물을 본 일이 있다.

"글은 타고 나는 것 같아요. 나는 선생님의 글을 못 따라가겠어요."

누구보다 열심히 한 학생이었다.

꽤나 괜찮은 기획을 할 수 있게 된 학생이었다.

그런 그가 글에서 무너졌다.

나 역시도 답답하기는 매한가지였다.

어떻게 해야 글을 잘 쓰냐는 질문에

도무지 대답할 능력이 없었기에

나 역시도 아직 글이 부족하기에

잘 쓰는 글이 무엇인지 아직은 모르기에

기획을 가르쳐야 하는 내가,

가르칠 수 없는 영역이 있다는 걸 인정하기 싫어

기획과 필력은 상관없다 생각하려 한 적도 많았다.

'내용이 중요하다.'

'인사이트가 중요하다.'

'질문과 답이, 그리고 분석이 중요하다.'

'결국 문제점이 핵심이며, 해결책에 방점이 있다(이 말은 사실이다).'

모두 맞는 말이지만, 아무리 외면해도

결국 그걸 표현하는 것은 지면에 옮기는 글이었다.

<u>그 글에 힘이 있을 때 그걸 표현하는 말에도 힘이 생기고,</u>

<u>그 힘은 설득을 만드는 중요한 요소가 된다.</u>

인정하기 지독히도 어려웠던 사실,

글도 가르쳐야 한다는 부담을 느꼈기에 인정하지 않으려 했던 것,

<u>면에서 선으로 이어지는 기획의 과정에서</u>

<u>필력은 필수라는 것이다.</u>

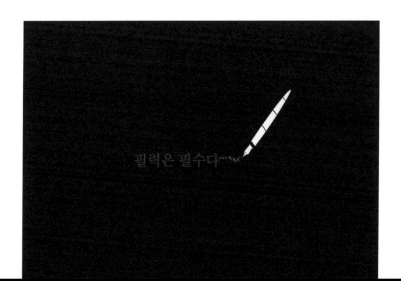

필력은 필수다...

#06
(1) 기획의 필력을 만드는 세 가지 방법

선의 영역에 필력이 필요하다고 인정한 후

고민의 방향은 그렇다면 이 필력을 어떻게 가르칠 것인가였다.

글을 잘 쓰게 만들 순 없지만

기획에 있어서 글을 꾸미는 법이 있을 것이라 생각했다.

수많은 방법을 시도했었고,

결국 효과가 있는 세 가지 방법을 찾았다.

다음의 방법은 내가 실제로 기획을 가르치며

내 눈으로 필력이 늘어나는 것을 확인했던 방법들이다.

첫 번째 방법은

기획서에서 글을 추출하는 연습을 하는 것이다.

잘 만든 기획서를 보여주고

그 기획서를 글 PT로 바꾸어 보는 연습을 하는 것이다.

나는 이것을 '역기획'이라 부른다.

과거와는 달리 요즘은 잘 만든 기획서를

온라인을 통해 쉽게 구할 수 있다.

기획서를 꼼꼼이 들여다 보는 것,

해당 기획서의 논리 흐름을 만든 글 PT를 추측해 작성해 보는 것,

이를 반복하다 보면 기획의 글 구조를 익히는데 많은 도움이 된다.

기획서를 글 PT로 옮겨보며

기획에 쓰인 글의 맥락을 익히는 것,

필력을 늘리는 첫 번째 방법이다.

기획에

글

을 추출해 내는 훈련을 하는 것

기획의 필력을 만드는
세 가지 방법

글을 처음 배울 때 필사라는 것을 한다.

필사란 자신이 좋아하는 작가의 글을 그대로 옮겨보는 것이다.

자칫 의미 없어 보이는 이 행위는

글을 눈이 아닌 손으로 익히는 중요한 과정이다.

손에 익은 표현들이 늘어나면

모방은 점차 창조의 영역으로 바뀌게 된다.

이는 문학의 구조주의 이론과 맞닿아 있다.

제대로 하는 필사에는 많은 시간과 노력이 들어간다.

그 시간과 노력을 가장 합리적으로 줄이는 방법,

그것이 추출 연습이다.

에세이나 소설 혹은 영상 콘텐츠에서라도

좋은 문장을 발견하면 기록해 두는 것,

기록한 표현들을 약간씩 다른 표현으로 적용해 보는 것,

이렇게 글에서 일부를 추출하여 내 것으로 익히는 것,

내가 제안하는 두 번째 방법이다.

이유는 단순하다. 기억하고 싶어서,
나중에 필요할 때 활용을 하기 위해서다.

두 번째 방법은 그런 의미에서 세 가지 제안 중
가장 많은 시간을 필요로 한다.
하지만 이 방법이 필력에 가장 직접적인 영향을 미친다.
하루에 한 줄의 기록은 3년이 지나 천 줄의 표현을 만들어 준다.
그 천 줄의 표현 중에,
내가 말하고자 하는 바를 가장 극적으로 말해주는 표현은
반드시 있다.

#06 / (3) 기획의 필력을 만드는 세 가지 방법

기술을 익히는 건 단계의 연습이 아닌,

전체의 반복이란 말을 본 적이 있다.

운전을 익히기 위해서는

좌회전 연습 100번, 유턴 연습 100번이란 단계적 연습이 아닌

운전이란 방식을 계속해서 반복하는 것이 더 낫다는 뜻이다.

글 PT의 필력 역시 마찬가지이다.

역기획을 통해 구조를 파악하는 연습을 하고

추출을 통해 좋은 문장을 익히는 연습을 했다면

마지막은 이를 이용하여 글 PT 전체 과정을

계속해서 반복해 보는 것이 필요하다.

필력을 늘리는 마지막 방법은, 글 PT의 무한반복이다.

'짬뽕을 중국집 대표 메뉴로 각인시킬 커뮤니케이션 전략'

'이번 여름만큼은, 콜라가 아닌 사이다를 더 많이 마시게 할 전략'

'갤럭시 시리즈의 신뢰도 회복을 위한 마케팅 전략'

'엄마가 집 앞에 갈비집을 차렸을 때 홍보 전략' 등과 같이
다양한 상황, 다양한 주제에 대한
글 PT를 반복해서 만들어 보는 것,
장기간의 교육이 가능할 때
내가 가장 강조해서 연습시키는 것도 이것이다.
실제로 연습 대비 효과가 가장 빨리 나타났던 방법도 이것이다.

이 세 가지 방법의 반복을 통해 어느 정도의 기획 필력은 만들어진다.
물론 본질적으로 필력을 올리는데 정답은 없다.
각자의 더 나은 방식이 있다면 그 방식으로 늘리면 된다.
기억해야 하는 것은
글을 쓰는 능력을 어떤 방법으로든 갖추게 되면,
기획에 있어 아주 귀중한 무기를 갖추게
된다는 사실이다.
<u>좋은 글이 담긴 모든 기획이
훌륭한 것은 아니지만
훌륭한 모든 기획에는
좋은 글이 반드시 담겨 있다.</u>

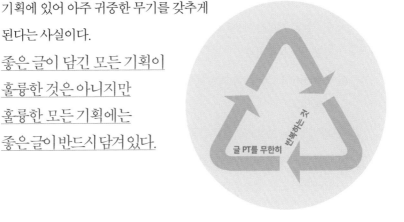

글 PT를 무한히 반복하는 것

#07 필력까지 담긴 글 PT는
그 자체로 PPT가 된다

다듬기가 끝난 후 처음의 글 PT는 이렇게 변화했다.

1) 시간의 질적 공유에서 감정의 양적 공유로, 새로운 전환점을 제안하다.

 – 구글 '양과 심장' 검색시 나오는 사진 활용 주제 선언

2) 정다운 가족이란 것이 옛말이 되어가고 있다.

 – 중앙일보 06.15, 가족부 통계자료, 기사 URL 첨부

3) 각자의 오늘을 공유할 수 없을 만큼의 치열함, 정을 나눈다는 것이 사치가

　된 요즘이다.

 – 취준생의 치열한 하루일과표, 직장인의 평균 근무시간, 아침밥을 함께 먹

　지 못하는 통계자료

4) Marianne Corey의 발달심리이론에 따르면 관계형성의 가장 핵심은

　접촉이다.

 – 코리의 발달심리모델 자료 인용

5) 결국 접촉이 부족한 바쁜 삶은 관계형성을 막는 가장 큰 장벽인 셈이다.

 – 그래프화 도표 작업을 통한 시각화

6) 하지만 바쁨과 치열함은 현대의 자화상이기에 광고로 바꾸기에는 한계가
   있다.
   – 오길비 광고 계율 32P, 문구를 활용한 설명
7) 결국 시간의 공유를 대체할 수 있는 새로운 대안을 만들어야 한다.
   – 목표 제안 페이지, 문구만으로 임팩트 주기

이렇게 만들어진 글 PT는 그 자체로 기획서의 PPT가 된다.
한 줄 한 줄의 내용을 PPT의 상단에 위치시키고
각 줄에 추가로 적은 세부내용을 PPT의 내용으로 채우면
그것으로 PPT의 한 장의 내용이 구성된다.
그렇게 기획은 선의 영역에서 하나의 기획서로 변화하게 된다.

면에서 만들어진 기획은 선을 통해 기획서로 업데이트된다.
UPDATE

#08
선의 영역에서 중요한 두 가지, 해석하기
(1)

지금까지 두괄식 기획의 필요성, 글 PT의 중요성 및 작성법,
그리고 글 PT를 기획서로 확장시키는 방법까지 알아보았다.
지금부터는 이야기 구성에 필요한 두 가지를 더 말해보려 한다.

<u>첫 번째는 해석하기이다.</u>
주장은 자료로 말하라고 많은 기획 책에서 주장하지만
그 말은 분명 맞는 말이고 그럴싸해 보이기도 하지만
문제는 생각보다 많은 자료가 양날의 검을 지닌다는 데 있다.
삼성을 좋아한다는 자료도 수천, 싫어한다는 자료도 수천이라고
면의 영역에서 언급한 적이 있는데 이와 맞닿아 있는 이야기다.
<u>선에서는 면에서 주관에 따른 판단으로 만든 자료를</u>
<u>한 번 더 다듬는 해석하기의 과정을 거쳐야 하는 경우가 있다.</u>
삼성을 다시 예로 들자면

- 삼성을 좋아하는 자료 : 외국에서 삼성 로고를 보며 뿌듯해 한다는 기사

- 삼성을 싫어하는 자료 : 백혈병 사태로 신뢰가 떨어졌다는 기사

이 두 가지를 찾았을 때, 해석에 따라 전혀 다른 이야기가 가능해진다.

- 삼성을 싫어하는 자료를 먼저 제시하고, 좋아하는 자료를 뒤에 제시한다면
→ 미움받는 삼성이라지만, 여전히 자랑스러움을 주는 기업이기도 하다.
- 반면 좋아하는 자료를 먼저 제시하고, 싫어하는 자료를 뒤에 제시한다면
→ 자랑하고 싶은 삼성이지만, 마냥 자랑하기에는 부끄러움 또한 많다.

같은 자료라도 해석을 어떻게 하느냐에 따라
전혀 다른 이야기가 가능해진다.
해석의 방향이 곧 선의 방향을 결정하는 것이다.

멋진 술잔, 혹은 마주한 두 사람　　　해석은 전체를 바꾸어 놓는다

#08
/
(2)

선의 영역에서 중요한 두 가지, 해석하기

그렇다면 어떠한 해석이 좋은 해석일까?

여기에 답을 줄 재미난 일화 하나를 소개해 보고자 한다.

미국의 체스티 풀러 장군은 2차 세계대전 때

8개의 사단에 포위되었다.

보급도 지원군도 없던 상황,

죽음을 직감하고 두려워하는 병사들 앞에서

풀러 장군은 다음과 같이 말했다.

"우리는 포위되었다. 덕분에 전략은 간단해졌다.

우리는 모든 방향으로 공격할 수 있다."

절박한 상황에서 이것보다 더 훌륭한 해석이 있을까?

기획의 해석 역시 마찬가지이다.

<u>가장 좋은 해석은, 자신의 주장을 뒷받침해 주는 해석이다.</u>

해석을 기반으로 주장을 만드는 것이 아니라

주장을 기반으로 해석을 만드는 것,

많은 기획자들이 이러한 방식을 사용한다.

물론 이런 방식에서 주의해야 할 점은 억측과 억지 해석이다.

해석의 정도가 사실의 정도를 넘어서게 되면

그것은 해석이 아니라 억지가 된다.

주어진 사실 안에서

상대가 납득할 수 있는 범위를 넘어서지 않고

자기의 주장을 뒷받침할 수 있게끔 해석하는 것,

그것이 최고의 해석이다.

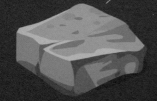

걸림돌이 아닌 디딤돌로 활용할 수 있는 해석

#09
(1)
선의 영역에서 중요한 두 가지, 강약조절

카메론 디아즈가 말했다.

"최악의 영화는 처음부터 끝날 때까지 요란한 영화이거나
처음부터 끝날 때까지 한 번도 요란하지 않은 영화다!"

선의 영역에서의 글도 마찬가지다.
처음부터 끝까지 모든 글과 말이 중요하다고 말하는 기획은
사람을 지치게 만든다.
처음부터 끝까지 모든 글과 말이 무난하게만 흐르는 기획은
사람을 지겹게 만든다.
기획의 선을 그리며 어디에 힘을 주어 말을 할지
그러기 위해서
어디는 힘을 빼고 무난하게 넘어가야 할지를 결정하는 것,
선의 강약조절은
기획에 대한 흥미를 올려주는 중요한 기술이다.

기획에서 기획을 덜어내라

기획은 음악과도 같다.
클라이막스가 존재해야 하며,
강약이 있어야 한다.

#09 선의 영역에서 중요한 두 가지, 강약조절
(2)

강약의 조절은 결국 배치의 문제이다.
강약이란 결국 상대적인 개념이기 때문에….
쉬운 예를 들어보자.

'동수가 클럽을 갔는데 남자밖에 없더래.'
이 사실에 '세상에'라는 단어를 넣어보자.
각각 다른 자리에.
'동수가 '세상에' 클럽을 갔는데 남자밖에 없더래.'
– 동수라는 사람이 클럽에 간 것이 대단한 사건인 것처럼
'동수가 클럽을 갔는데 '세상에' 남자밖에 없더래.'
– 클럽에 남자밖에 없었던 것이 대단한 사건인 것처럼

강약의 조절은 결국 배치의 문제이다.
강약이란 결국 상대적인 개념이기 때문에
나는 기획을 할 때 중요한 이야기를 모아서 말하지 않는다.

중요한 이야기의 전후로는 비교적 가벼운 이야기를 넣는다.
재미난 예시나 명언 혹은 마케팅 사례와 같은 것들 말이다.
선의 영역을 작업할 때
본인의 메시지가 너무 연속적으로 중요성을 가지고 있다면
메시지 사이 사이에 쉬어가는 내용을 넣어 보도록 하자.
기획이 기승전결이 있는 재미난 이야기로 변할 것이다.

영화 속 살인마가 미쳐 날뛰기 직전은 언제나 평온하다.
평온함은 공포를 더 극적으로 만든다.
기획의 강약도 이와 마찬가지다.

#10 선을 마무리 지으며
해결책을 바라보다

면에서 발견한 수많은 구슬을
글로 잇고, 기획서로 옮기는 것,
그런 선의 영역이 멈추는 곳은 문제점 앞에서다.

기획에 전반부와 후반부가 있다면
지금까지의 영역은 전반부에 해당한다.
목표를 마주하고 질문을 통해 상황과 문제를 발견하고
지금까지의 경과를 글로 설명하는 것,
면과 선은 그렇게 기획의 전반부를 담당했다.

이제 남은 것은
목표에 도달하는 것,
목표에 도달하기 위해 방해요소인 문제점을 제거하는 것,
바로 해결책이다.

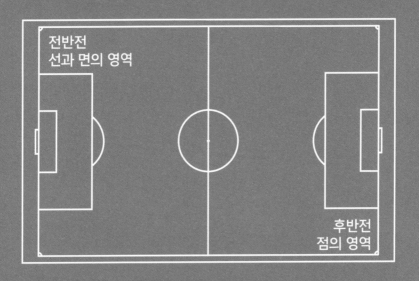

전반전
선과 면의 영역

후반전
점의 영역

최종면접을 앞둔 A군의 선

면을 통해 알게 된 사실을 하나의 선으로 이으면 이렇게 말할 수 있을 것이다. 이를 친구에게 하소연한다고 가정해 보자.

"아, 나란 제품을 제대로 한 번 팔아야 하는데 팔 방법이 없어 고민이야."

"뭐? 너 다단계하냐?"

"뭔 소리야. 들어봐 일단. 이번에 내가 기업 하나에 붙었는데, 거기는 대기업이기도 하고, 연봉도 괜찮고 해서 진짜 꼭 들어가고 싶거든. 그런데 거기에서 최종면접에 앞서 1분 자기소개를 시킬 거니까 준비하라고 하는거야. 다른 사람들이 말하길 '좀 특이하게 해라' '재미있게 해라' 뭐 이런 말들을 하는데 나는 자기소개의 본질이 그런 거 아닌 것 같았어. 그래서 좀 더 생각해 보니 결국 기업에게 채용이란 일 잘하는 사람을 뽑는 걸 의미하더라고. 그럼 자기소개 역시 이 소개를 통해 일을 잘하는 사람인지 아닌지를 테스트하는 하나의 장이란 생각이 들었어.

그래서 자기소개에 '내가 일을 참 잘합니다'라는 말로 만들어 보려고 했는데, 여기서 문제가 발생한 거야. 일을 잘한다는 게 결국 맡은 역할을 잘하고 회사에서 사람들끼리 잘 지내고, 이 회사 좋아해서 오래오래 다닐거라는 걸 어필하는 건데. 사람들끼리 잘 지내는 거야 내 경험을 살려서 잘 말할 수 있을 것 같은데 문제는 일 잘하는 거, 회사 좋아하는 거를 어필할 방법이 없는거야.

내가 지원한 곳은 총무과인데 여기서 하는 일이 쉽게 말해 회사 전체가 원활하게 돌아갈 수 있도록 서포팅해 주는 부서거든. 난 관련 부서 경험도, 인턴 경험도, 하다 못해 전공도 이거랑 관련 없는 곳이란 말이지. 더 까놓고 이야기해서 취업하려고 발버둥치면서 온갖 곳을 다 넣다보니 하나 걸린 거고, 연봉이나 회사 이름이 좋아서 들어가려는 거지, 딱히 여기를 잘 아는 것도, 여기에 대해 자세히 아는 것도 아니거든. 근데 도대체 무슨 이야기로 회사를 사랑하고 이 회사에 오래 다니고 싶음을 어필할 수 있냐 이거야.

자기소개를 통해 직무 역량, 조직우호도, 회사충성도를 어필하고 싶은데, 일을 잘한다고 말할 증거도, 이 회사를 좋아한다고 말할 수 있는 근거도 나는 없더라고, 그야말로 무난한 대학생 아무개로 살아왔으니까. 도대체 무슨 말로 자기소개를 해야 하지? 참··· 답답하네."

모 기업의 대학생 대상 마케팅기획

Case 2-2

(선의 영역)

그 신입사원은 자신의 발표자료의 내용을 다음과 같이 구상하기 시작했다.

카카오톡, SNS, 네이버 이 셋 중 하나라도 하는 대학생 모두에게 ○○은행의 호감도를 높일 수 있는 전략을 제안하겠다.

'왜 대학생인가?'

사람들은 한 번 거래한 은행을 큰 이유가 있지 않는 이상 바꾸려 하지 않는다. 즉 기존의 3050세대는 분명 가장 큰 시장이긴 하지만 뺏어오기 쉽지 않은 시장이다. 따라서 이미 은행을 정한 이들이 아닌, 아직 은행과 그리 친하지 않은, 그래서 은행의 브랜드 로열티가 낮은 대학생들에게 미리 ○○은행의 호감을 높일 수 있다면 이들은 장기적 관점에서 우리의 차세대 고객이 될 것이기 때문이다.

'그런 대학생들을 대상으로 지금까지 많은 마케팅 전략이 있어왔다.'

그들이 원하는 취업, 연애, 봉사, 스펙 등 모든 분야를 지원해 주는 활동은 이미 있었다. 동시에 이는 우리 은행뿐만 아니라 타 경쟁은행도 마찬가지로 하고 있었다. 하지만 분명 각각의 활동은 효과가 있었지만, 우리가 기대할 만큼의 붐업은 없었다.

경쟁사와의 비슷한 마케팅 활동은 차별성을 낮추었고, 대부분의 마케팅 활동은 단발적

200

기획에서 기획을 덜어내라

이어서 지속성을 갖추기도 힘들었다. 무엇보다, 붐업의 핵심은 대학생 스스로가 자신이 경험한 이야기를 기꺼이 자신의 주변에 이야기할 만한 가치가 있는 것들이 되어야 하는데, 지금까지의 이야기에는 그러한 가치보다는 기업의 홍보메시지가 더 강했다. 홍보라고 인식되는 순간 대학생은 확산시키지 않는다.

그들이 확산시키는 이야기는 남의 일이 아닌 자신의 이야기라고 공감할 수 있는 것들, 그래서 그 공감을 기꺼이 자신의 지인들과 나누고 싶어 하는 이야기였다.

결국 우리 은행이 해야 되는 대학생 마케팅에는 우리의 이야기를 최대한 숨기고, 그들이 나눌만한 공감의 이야기가 담겨있어야 한다. 이와 동시에 결국은 우리의 이야기가 드러나 그 이야기로 대학생들의 호감도를 높여야 한다.

말하지 않으면서 확산을 시키고, 확산의 끝에 말하지 않았던 이야기를 상기시키는 것! 최초의 목표를 이루기 위한 마케팅 안에는 이런 불가능해 보이는 것들이 모두 있어야 한다. 어떻게 이 두 가지 양립할 수 없는 과제를 한 번에 이룰 수 있을 것인가?

Case 2-3

치킨집의 판매전략기획
(선의 영역)

이 사장님은 매일매일 쓰는 업무일지에 다음과 같은 일기를 썼다.

xxxx년 x월 x일 업무일지

단골고객을 더 많이 확보해서 우리 찬이(아들 이름)를 남부럽지 않게 키우자!

1년 전 다니던 회사를 그만두고 전 재산을 올인하여 치킨집을 차리게 되었다. 사전조사를 치밀하게 한 덕분에 목이 좋은 곳을 확보할 수 있었고, 지금까지 매출도 순항을 기록하고 있다.

하지만 동네 상권이 커지면서 경쟁자가 늘기 시작했고, 따라서 앞으로는 가게 간 경쟁이 더욱 치열해질 것이다. 내가 위치한 지역은 유동인구보다는 고정인구가 많은 아파트 단지다. 따라서 신규고객을 유치하는 것 이상으로 단골고객을 더 많이 확보하는 것이 매우 중요하다.

단골 확보를 위해 메뉴를 다양화하거나, 새로운 음식을 추가하는 것은 장기적인 관점으로 봤을 때 이득이 없어 보인다. 더군다나 주변에 10개가 넘는 가게(배달 어플 배달가능지역 기준)들의 메뉴에는 닭으로 만들 수 있는 거의 모든 메뉴가 다 있기에 새로운 메뉴를 개발하는 것은 힘들어 보인다.

202

내가 가는 단골집 중 한 군데는 맛이 있어서도, 거기 사장님과 친해서도 아니다. 그곳에 가는 이유는 내가 원하는 것을 미리 알아봐 주고 미리 챙겨주기 때문이다. 이처럼 내가 원하는 걸 잘 알아봐 주는 곳은 자연스럽게 단골이 된다.

치킨집 역시 마찬가지일 것이다. 수많은 메뉴와 수많은 업체가 난립하고 있는 상황에서 우리 가게를 자주 찾는 손님을 확보하는 비결은 새로운 어떠한 것이 아니라 그동안 다른 치킨집에서는 만족하지 못했던 숨겨진 욕구를 해결하는 것에서 만들어질 수 있다. 그것이 무엇일까?

PART 05

점 : 기획의 방점,
해결책을 찾다

#01 점의 영역,
기획의 방점을 찍는 후반 작업

점의 영역은 기획의 방점을 찍는 작업이다.
면과 선을 통해 찾은 문제를 해결하는 것이 점의 영역의 목적이다.
쉽게 말해 해결책을 만드는 영역이라고 생각하면 된다.
나는 점의 영역에서 다음과 같은 이야기를 할 것이다.

'해결책은 공식으로 만드는 수식이 아님을 말할 것이다.'
'해결책은 가능성과 매력성이 존재해야 함을 말할 것이다!'

이 두 가지를 가지기 위해서는
다양한 경험이,
각자로부터 출발한 성향이,
무엇보다 자기 관점이 있어야 한다는 주장을 할 것이다.
이것들을 가졌을 때 통찰이 일어날 수 있음을,
통찰은 딱 반걸음 앞선 생각이라는 이야기를 할 것이다.

통찰은

대화에서, 통섭에서, 모방에서 이루어짐을 말할 것이다.

면의 영역을 통해 만들어진 생각은,

선의 영역을 통해 하나의 글로,

점의 영역을 지나며 하나의 기획으로 완성되게 된다.

#02
(1)
기획을 해결하는 점, 해결책

설득이란 대상에 대한 변화를 의미한다.
감정의 변화든, 태도의 변화든,
혹은 행동의 변화든 말이다.

변화를 시킨다는 것은
변화해야 하는 이유를 설명하는 것과
변화해야 하는 지향점을 제안하는 것으로 이루어진다.

변화해야 하는 이유, 그것이 문제점이다.
변화해야 하는 지향점을 제안하는 것, 그것이 해결책이다.
이 해결책을 통해 기획은 마무리된다.
해결책은 기획을 완성하는 하나의 방점,
그래서 이를 점의 영역이라 부른다.

기획 설득해야 되는 대상의 변화 fin

#02
기획을 해결하는 점, 해결책
(2)

60번의 상을 받았다. 꽤나 승률도 높았다.

내가 제시한 해결책이 나쁜 해결책은 아니었기 때문일 것이다.

광고대행사에 다니면서도,

홍보대행사에 다니면서도,

기간에 비해 꽤나 많은 기획 프로젝트를 했었고

성과도 많았다.

대략 천 번의 기획에 관여를 했기에

나는 천 번의 해결책에 관여를 했을 것이다.

그 과정을 통해서 느낀 것은

해결책을 만드는 답이란 존재하지 않는다는 것이다.

해결책의 유일한 답은 '답이 없다'라는 아이러니다.

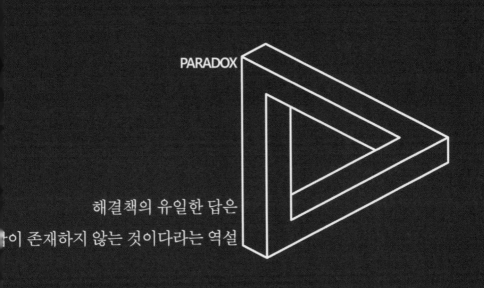

PARADOX

해결책의 유일한 답은
이 존재하지 않는 것이다라는 역설

#02 기획을 해결하는 점,
해결책
(3)

한때 해결책을 만드는 방법을

명쾌하게 알려주려 노력한 적이 있었다.

많은 이들에게 물었고, 많은 책에서 답을 찾았다.

각자의 방식과 각기 쓰여진 여러 법칙들을 그렇게 배우고 외웠다.

5Why에서 스캠퍼를 지나 멀티보딩, 랜덤워드 등등

수많은 이론들을 각색하고 구조화시켜 사람들에게 가르쳐 보았다.

그렇게 했음에도 불구하고

같은 것을 배운 이들이 그것을 사용하는 방법은,

그것을 통해 찾으려는 길은,

그렇게 만들어 낸 결론은 서로 달랐다.

더욱 중요한 것은

그들이 해결책을 만든 과정을 유심히 살펴보면

이론과 법칙을 통해 해결책을 만드는 것이 아니라

원래 알고 있던 자신만의 방식을 설명하기 위해

규칙을 이용할 뿐이라는 것이었다.

법칙 이전에 그들은 이미 설명할 수 없는 방식으로

각자의 해결책을 만들고 있었던 것이다.

마치, 소설《향수》의 그르누이가

자신이 이미 알고 있던 것을 타인에게 설명하기 위해

사람들이 이해할 만한 공식을 굳이 사용해 설명서를 만들었던 것처럼.

스스로는 그 행위를 굉장히 비합리적인 행위라 생각하며 말이다.

결정적으로

나 역시 그러했다.

꽤나 많은 해결책을 제시했다고 자부하는 나였지만

나 역시도,

그런 법칙과 이론에 의해

해결책을 만든 적은 단 한 번도 없었다.

그냥 만들었다. 설명하기 힘든 어떠한 과정으로 말이다.

법칙으로 해결책을 만드는 이는 아무도 없었다.
해결책을 설명하기 위해 법칙을 이용할 뿐!

#02 / (4) 기획을 해결하는 점, 해결책

해결책이란 그릇은

비법과 법칙으로 담기에는 너무나 큰 그릇이기에

해결책에 답이 없다는 말의 정확한 의미는

해결책은 도저히 구조화와 공식화가 되지 않는다는 뜻이다.

구조화와 공식화는 해결책을 만드는 방법이 아니라

어떻게 만들어졌는지 모를 해결책을 설명하는 도구에 불과하다.

내가 만든 수많은 해결책은

각기 수많은 다른 이유로 만들어졌다.

해결책은 어느 한 곳에 다소곳하게 모여있지 않고

세상 모든 곳에 퍼져 있는 느낌이다.

어느 책의 한 줄에서…

흘러 들어간 어느 사이트의 한 글귀에서…

여행지의 경험에서…

친구들과의 대화에서…

부모님의 잔소리에서…

여자친구와의 다툼에서…

답답해서 펴댔던 담배에서…

짜증나서 먹었던 술잔에서…

해결책이 나온 뿌리는 세상 그 자체였다.

세상의 모든 것을 경험하면,

더 좋은 해결책이 만들어질 수 있을 것이다.

파우스트가 영혼을 팔았듯이 무한의 시간이 주어진다면 말이다.

해결책은 그 자체로 너무나 큰 그릇과도 같다.

#02
/ (5)
기획을 해결하는 점,
해결책

사실 어떠한 책에서도

해결책을 만드는 비법을 한 권의 책으로 풀어 쓸 수는 없을 것이다.

그런 책이 있다면,

그것은 사기와 왜곡에 가까울 것이다.

불가항력적 한계점을 최소화하기 위해

나는 귀납법적 사고로 점의 영역을 설명하려 한다.

내가 경험한 내용과 사실에 기반하여

이를 최대한 일반론에 가깝게 설명해 보려 한다.

미리 이야기하지만

해결책, 점의 영역에 대한 앞으로의 모든 이야기는 내 생각이다.

틀리진 않을지언정, 전부를 담진 못함을 시인한다.

하지만 그 생각으로 지금까지 만들어온 성과가 있기에

충분히 공유하고 전할 가치가 있다고 믿기에

조심스럽게 설명해 보려 한다.

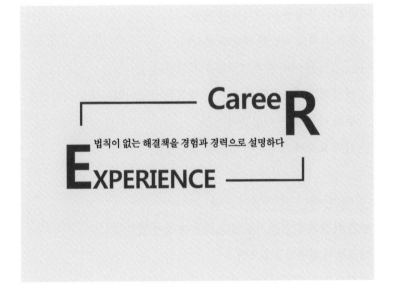

CareeR

법칙이 없는 해결책을 경험과 경력으로 설명하다

EXPERIENCE

#03 / (1) 좋은 해결책에 들어 있었던 두 가지, 가능성과 매력성

한 달 남짓, 글 쓰기를 멈추고

지금까지 내가 했던 모든 기획을 들여다 보았다.

또한 다른 훌륭한 기획자들이 했던

그들의 기획도 가능한 복습해 보았다.

나는, 그들은 어떠한 해결책들을 제안했던가?

그 해결책들이 표현할 수 있는 공통점은 무엇이었을까를 고민했다.

그 결과 나는 좋은 해결책에는 늘

두 가지 요소가 포함되어 있음을 발견했다.

그 첫 번째는 가능성이었다.

좋은 해결책에는 늘 가능성의 희망이 들어 있었다.

해결책이 실현가능했으며,

해결책을 통해 문제점이 없어질 가능성이 보였으며,

그로 인해 기획의 목표를 이루어 줄 것이란 희망이 보였다.

좋은 해결책은

그 자체로 실현가능함은 물론이고,

문제점 해결과 목표 달성에 대한 희망을 제시해야 한다.

당연한 이야기일 수 있다.

실행가능한 해결책이라는 것이

여기에 두 번째 요소를 더하면 이야기는 조금 더 복잡해진다.

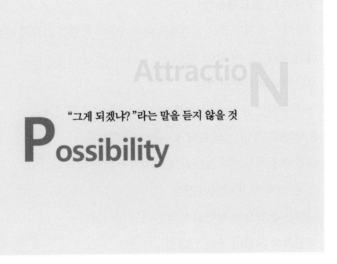

가능성이 있음에도 불구하고

상을 받지 못했던, 혹은 경쟁PT에서 탈락한 기획서들도 보았다.

그 기획서들을 면면히 살펴보며

가능성만 가지고는 좋은 해결책이라 할 수 없다는 사실을 깨달았다.

가능성은 해결책의 필요조건이지, 충분조건은 아니었던 것이다.

무엇이 더 필요했을까?

가능성은 높지만 좋은 해결책으로 평가받지 못했던 기획의 해결책은

다시 보니 '참 매력이 없었구나'라는 생각이 들었다.

무난하거나 진부하거나

누구나 해당 문제에 대해 생각할 수 있을 법한 해결책,

흔히 뻔해 보이는, 익숙해 보이는 해결책들은

해결책에 가능성이 높더라도 여지없이 퇴짜를 맞았다

그래, 잠시 잊고 있었던 것은

사람은 흔함으로 설득되지 않는다는 것이었다.

해결책에 흔함이 묻어 있다면

이목과 관심을 끌지 못하고,

외면된 해결책은 설득을 만들지 못한다.

해결책의 필요충분조건을 완성시키는 두 번째는

매력성이었다.

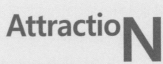

#03 (3) 좋은 해결책에 들어 있었던 두 가지, 가능성과 매력성

결국 좋은 해결책에는 필연적으로 가능성과 매력성,
이 두 가지가 있어야 한다.
이 두 가지가 공존하는 해결책은 생각보다 쉽게 나오지 않는다.
실행가능한 것들은 무난한 경우가 많고
창의적인 것들은 실행하기 곤란한 경우가 많으니
마치 시소의 양쪽처럼 이 두 가지가 균형을 이루는 경우는 드물다.
누군가는 이런 해결책을 '무릎 탁!' 해결책이라고 표현하기도 한다.
별 관심 없어 하던 고객이 정교한 선의 이야기에 관심을 보이다
문제점의 해결책을 제시하는 순간 무릎을 탁 치며
'그 방안, 한 번 실행해 봅시다'라고 말하게 만드는 해결책!
그런 해결책에는 매력적인 청사진과 희망이 있다.
그런 해결책을 만들기 위해 질문은 자연스럽게 다음으로 넘어간다.
가능성과 매력성,
쉬워 보이면서도 어려운 이 두 가지는
무엇을 통해 만들어지는 것일까?

기획에서 기획을 덜어내라

내가 보았던 훌륭했던 해결책,

내가 실행했던 꽤나 좋았던 해결책들을 살펴보며

하나씩 찾아보기로 하자.

AttractioN

"오, 그거 되겠다. 한 번 해보자" 는 말을 듣는 해결책

Possibility

#04
(1) 좋은 해결책에 대한 귀납법적 사고, 경험

내가 사례로 연구한 수많은 해결책 중

스스로 평가하기에 최고라고 생각되는 해결책은

애플에서 실행한 해결책이다.

아이팟이 새로운 시리즈로 런칭된 후

애플은 이런 생각을 하게 된다.

'우리의 제품은 기존의 mp3 시장을 바꾸어 놓을 것이다.'

'아이팟 시리즈는 전에 없던 새로움이자 최고가 될 것이다.'

'그런 제품을 홍보하는 우리의 전략은 간단하다.'

'최고의 mp3 플레이어가 줄 수 있는 가치,

바로 최고의 음악을 사람들에게 선물하는 것이다.'

모든 사람들에게 자기 인생의 베스트 송은 각기 다를 텐데,

애플은 그 다름을 하나의 가치로 통일시켰다.

'심장 소리'

기획에서 기획을 덜어내라

평생 자신을 위해 죽을 때까지 뛰는 심장 박동이야말로

모든 이에게 공통된 최고의 음악이라고 생각한 것이다.

애플은 사람들이 다니는 거리로 나가

제품의 홍보가 아닌,

사람들의 심장 소리를 들려주는 프로모션을 실행했다.

결과는 대성공이었다.

처음 들어보는 자신의 심장 소리에

사람들은 감동했고, 누군가는 눈물을 흘렸다.

애플은 음악으로 풀 수 있는 최고의 해결책을 만든 것이다.

음악을 전하는 회사가 사람들의 마음을 움직였다.
세상 최고의 음악은 바로 당신이라며!

#04 / (2) 좋은 해결책에 대한 귀납법적 사고, 경험

이 해결책을 처음 제시한 사람은

마케팅부의 3년 차 신입이었다고 한다.

그녀는 어렸을 때 종합병원에서의 경험이

이 해결책을 생각나게 만들었다고 말했다.

삶이 고달퍼 자살이란 극단적인 선택을 했던 어느 환자의 이야기.

미수로 끝나 치료를 받는 동안에도 세상과 담을 쌓고 있던 환자에게

의사는 설교나 위로의 말 대신

수술을 받는 영상과 함께 환자의 심장 소리를 들려주었다.

그때 환자 안의 무언가가 변했다.

그 소리를 듣는 순간 표현할 수 없는 감동이 밀려왔고

살아야겠다는 생각이 처음으로 들기 시작했다.

그리고 환자는 더 이상 자살을 시도하지 않았다.

환자를 관찰했던 그녀의 경험에서의 깨달음이

애플에게 최고의 해결책을 선물한 것이다.

BBDO의 최고기획자 중 한 명인 필 듀센베리는 이러한 과정을
명쾌한 한마디로 표현했다.
'인종차별 광고를, 흑인보다 잘 만드는 백인은 존재하지 않는다.'

경험에서 얻은 깨달음은
다른 어떠한 것을 통해 얻은 것보다 깊다.
지금까지 무엇을 경험했느냐가
어떠한 해결책을 제안할 수 있을지를 결정한다.

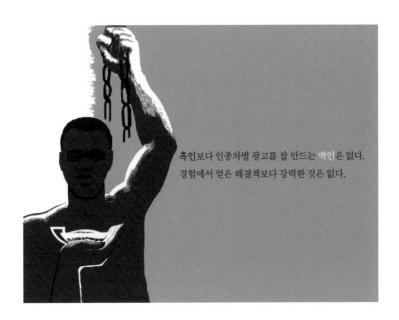

흑인보다 인종차별 광고를 잘 만드는 백인은 없다.
경험에서 얻은 해결책보다 강력한 것은 없다.

#05 / (1) 좋은 해결책에 대한 귀납법적 사고, 성향

"좋아하는 연예인과 사귀기 위해서는 무엇이 필요할까요?"

기획을 가르칠 때 나는 이 질문을 자주 한다.

이 질문은 간단하면서도

문제점의 요소와 해결책의 다양성에 대해 설명하기 쉬운 질문이다.

대부분 여기에 대한 대답은 정해져 있다.

성형, 성공, 포기, 간혹 환생이나 은행 털기 및 납치(?)…

그런데 한 학생이 전혀 생각지도 못한 답을 말했다.

"음. 먼저 운전면허증을 따야겠죠."

이유를 물어보니 이 학생의 대답이 기가 막혔다.

"현실적으로 생각해 봤어요. 사람과 사람이 사귀기 위한 첫 번째는

우선 얼굴을 마주하는 것이겠죠.

얼굴을 마주하는 가장 현실적인 방법은

그 연예인의 매니저가 되는 거더라구요.

매니저를 처음 하면 로드 매니저,

즉 운전기사 역할부터 시작하거든요. 전 운전면허가 없고요.
그래서 먼저 필요한 1단계는 운전면허증을 딴다로 생각해 봤어요."

그 학생이 속한 팀은 결국 상을 받았는데,
본인이 기획한 내용도 이 대답과 유사한 모습을 보였다.
철저하게 현실적이고 분석적이며,
당장 해결해야 되는 문제에 대한 명쾌한 정리까지…
그의 특이했던 대답에는
그의 철저했던 기획에는
그가 지금까지 살면서 형성시켜 온 자신의 성향이 들어 있었다.

그런 해결책을 만들 수 있는 이유는,
그럴만한 사람이었기 때문이다.

#05 /(2) 좋은 해결책에 대한 귀납법적 사고, 성향

우리 역시도 이와 비슷한 경험을 한 적이 있다.

성향이 달랐기에 다른 해결책을 마주했던 경험 말이다.

첫 책을 썼을 때,

생각보다 시장의 반응이 좋자 욕심이 났다.

좀 더 많은 사람이 읽었으면 좋겠다는 욕심,

자연히 기획의 고민이 시작되었다.

어떻게 하면 더 많은 사람들에게 팔 것인가?

책을 마케팅할 수 있는 여러 가지 방안을 고민했지만

우리는 출판사가 아니었고,

초보 작가인 우리의 제안에는 힘이 없었다.

그때 우리 중 한 사람은 다른 방향을 생각했다.

어떻게 팔지를 고민해도 실행할 능력이 없다면,

어떤 사람이 우리의 책을 살 것인지를 고민해 보자.

우리가 판을 흔들 수 없다면,

그 판을 흔들 수 있는 사람을 찾아보자.

기획에서 기획을 덜어내라

지방 사립대 출신이 전하는 학벌에 대한 이야기에 귀 기울일 사람,
동시에 대량의 책을 구매할 역량이 되는 사람,
그렇게 구매한 책을 지방대 학생들에게 나눠 줄 수 있는 사람,
그렇게 우리는 우리가 나온 모교의 총장님을 만나 뵈었고,
책에서 쓴 이야기가 우리 후배들을 위한 이야기란 걸
공감하신 총장님은 1,000권의 책을 구매해 주었다.
단 한 푼의 마케팅 비용도, 인력도 투입하지 않고
1,000권의 판매를 만든 것이다.
이 생각을 할 수 있었던 힘은, 우리 중 한 사람의 성향이었다.

기존의 상황에서 최고점을 찾는 것이 아닌
최고일 수 있는 상황을 먼저 만들어 버리는 성향,
그것에서 해결책은 시작되었다.

'어떻게 팔지'가 아닌
HOW
WHO
'누가 살수 있지'라는 전환

05 좋은 해결책에 대한 귀납법적 사고,
성향
(3)

그때 총장님을 만나 말씀드렸던 이야기를
여러분에게 그대로 하고자 한다.
이 내용은 이 책에서 가장 긴 부분이 될 것이다.
줄이고 요약하면 그때의 상황을 여러분께
고스란히 전달할 수 없다고 생각하기에…
총장님을 만난 그날, 우리가 했던 이야기는 다음과 같다.

총장님, 이번에 저희가
《날개가 없다, 그래서 뛰는 거다》라는 책을 썼습니다.
사실, 이 책을 총장님께 팔고자 이곳에 왔습니다.
다만 저희가 일하고 있는 분야인 광고·홍보에 관한 책을 팔기 위해서
총장님을 뵈러 왔다면 한낱 장사치에 불과하지만,
오늘 총장님께 드릴 이야기는
상아탑이라 불리는 대학의 총장님이기에,
2만 명의 학생을 책임지고 있는 총장님이기에

꼭 들으셔야 할 이야기라고 생각했습니다.

이야기를 다 들어보신 뒤 설득이 되셨다면,

많은 계명대학교 학생들이 이 책을 볼 수 있게 해주셨으면 좋겠습니다.

첫 번째 이야기입니다.

계명대학교에 등록금을 내고 입학을 하면,

학교에서는 신입생들에게 고전·인문·신학과 관련된

교양도서를 나누어 줍니다.

그 책은 저희와 비교조차 할 수 없을 정도로

시대를 뛰어넘는 작가가 쓴 글이자,

당대의 깊이가 담겨 있는 책입니다.

하지만 교육이란 것이 받아야 할 때가 있듯이,

책이란 것도 봐야 할 때가 있다고 생각합니다.

저희도 신입생 때 그 책을 받았지만,

제대로 본 적조차 없으며

심지어 그 책이 지금 어디에 있는지도 모르겠습니다.

주변에 있는 후배들에게도 그 책을 제대로 봤는지 물어봤지만

그 책을 제대로 본 사람은 없었으며,

그 책의 제목이 무엇인지 기억을 하는 후배는 단 한 명도 없었습니다.

왜냐하면, 그 책은 1학년이 봐야 할 책으로 적합하지 않았고,

그들에게 당장 필요하지 않은 내용이기 때문입니다.

두 번째 이야기를 드릴까 합니다.
저희는 다른 학생들보다 늦은 나이에 입학을 하고,
서른 살이라는 늦은 나이에 졸업을 했습니다.
하지만 대학시절 누구보다 열심히 살았기에
누구나 가고 싶어하는 대기업과 외국계 기업에 취업을 했습니다.
그런 저희에게 모교의 많은 후배들이
'힘들다'며 '아프다'며 메일을 보내옵니다.
"계명대학교를 제가 굳이 다녀야 하는 이유가 있는 건가요?
학교 이름이 나올 때마다 친구들 앞에서 작아지는 기분이 듭니다."
"계명대학교를 나와서도 과연 좋은 기업에 취업을 해서
밥벌이를 할 수 있는 건가요? 불안해서 잠이 오지 않습니다."
"인서울을 목표로 했던 제가 합격한 곳은 계명대학교입니다.
입학식 날 아침 부끄러워서 학교에 가지 못했습니다.
정말 자살을 하고 싶을 정도의 심정입니다."
지금 총장님과 같은 심정으로 저희 또한 많이 안타깝고 슬픕니다.
하지만 우리는 인정해야 합니다.
총장님께서 계명대학교를 사랑하시고
저희 또한 모교를 사랑해서 후배들을 위해 많은 활동을 하지만

기획에서 기획을 덜어내라

그것과는 별개로,

우리 계명대학교가 모두에게 자랑스러운 학교는 아니라는 것을,

전국 대학 순위에서 그리 높지 않은 순위에 있는 대학이라는 것을,

그래서 고등학교 시절 계명대학교를 목표로 공부한 학생은

많지 않다는 것을요.

이제 첫 번째와 두 번째 이야기를 연결해 말씀드리겠습니다.

그런 계명대학교 신입생들에게 필요한 것은

인문·고전과 같이 아직 받아들이지 못할 이야기가 아니라

계명대학교에 합격한 것이 부끄러운 학생에게 자격지심을 없애주고,

계명대학교를 다녀도 멋진 대학시절을 보낼 수 있다며 용기를 주고,

계명대학교를 졸업해도

좋은 대기업과 외국계 기업에 취업할 수 있다며 희망을 주는

그런 뜨거운 동기부여를 주는 책이 필요하다고 생각합니다.

저희 많이 부족합니다.

교양도서에 있는 당대의 작가들과 비교조차 할 수 없을 정도의

이름 없는 작가에,

그 책들처럼 이 시대의 깊이가 담겨 있는 책도 아닙니다.

하지만 이 책에는 지방대학교를 나온 두 명의 졸업생이

학벌천국 대한민국에서 살아남기 위해서,

학벌이라는 벽을 부수기 위해 손발이 망가질 때까지 때려
결국 뚫은 저희들의 이야기가 있습니다.
그 안에는 학벌천국 대한민국에서 살아남을 수 있는
생존지침들이 담겨 있습니다.
그런 저희들의 이야기는 분명 학벌 스트레스를 받고 있는
지방대학교 학생들에게 많은 힘을 주리라 생각합니다.
더군다나 계명대학교를 졸업한 우리들의 이야기는
같은 곳에서 시작을 하고 있는 계명대학교 학생들에게
가장 큰 힘을 주리라 생각합니다.
왜냐하면 그들과 저희의 시작점이 같기 때문입니다.

총장님, 부탁 드립니다.
계명대학교에 입학한 신입생들이 책을 볼 수 있도록
단순히 책이 아닌 꿈과 희망, 자신감을 가질 수 있도록
도와주셨으면 좋겠습니다.
그렇게 해서 후배들과 졸업생들이 함께 열심히 살아간다면,
계명대학교를 빛내는 사람들이 점차 늘어날 것이며,
결국 그것이 계명대학교를 명문으로 만드는 길이 되리라
믿고 있습니다.

기획에서 기획을 덜어내라

여기까지 말하는데 딱 10분이 걸렸다.

그리고 총장님은 그 자리에서 1,000권의 책을 사주셨다.

총장님은 우리의 책을 살 수 있는 권한과 돈이 있었다.

그리고 우리는 총장님이 거절할 수 없는 기획을 했다.

총장님이 책을 살 수밖에 없었던 '명분'을 들고 갔고,

실제로 학생들에게 이 책이 필요하다는 '실리'를 이야기했다.

과연, 어느 대학교의 총장님이 이런 제안을 거절할 수 있을까?

당신에게 묻고 싶다.

당신이 만약 우리 대학의 총장님이었다면,

과연 거절할 수 있었을까?

총장님을 움직인 건, 이야기에 담긴 진심이 컸겠지만

그 진심을 전할 기회를 만들 수 있었던 건

만들어진 상황에 구애 받지 않고 최고의 상황을 설계하는

한 사람의 성향 때문이었다.

그 사람이기에 만들 수 있는 상황이 있다.
그 상황에 진심을 담을 때 기적은 일어난다.

#05
/
(4)

좋은 해결책에 대한 귀납법적 사고, 성향

첫 책과 마찬가지로

이 책 역시도 두 명의 저자가 함께 썼다.

우리 두 사람의 성향은 너무나 다르다.

한 명은 광고를 전공했고,

광고적 성향이 강한 그는 판을 흔드는 전략 짜기를 좋아한다.

반면에 다른 한 명은 기존의 판을 흔드는 방법보다

자신에게 유리한 판을 미리 설계하고

그 판에 뛰어들기를 좋아한다.

그렇게 미리 설계한 판으로,

대구광역시 시장, 서울특별시 시장을 독대해 만나고

공군 참모총장, 법무부 장관, 올림픽 금메달리스트를 비롯해

200명이 넘는 사회 명사를 인터뷰했다.

그런 그의 능력은 함께 회사를 운영할 때도 빛을 발한다.

전자가 창의적 부분을 담당한다면

후자는 실무적 부분을 담당하고,

이 시너지는 꽤나 훌륭하다.

첫 번째 책의 판매전략도 그의 성향이 그러했기에 가능한 전략이었다.

지금도 서로 다른 그 성향은 여전하다.

그래서 우리는 하나의 문제에 봉착했을 때

각기 다른 두 가지 해결책을 만들 수 있다.

그래서 최악의 실수를 피할 수 있고

또한 최선의 선택을 고민할 수 있다.

#05 좋은 해결책에 대한 귀납법적 사고,
성향
(5)

네 자리 수에 가까운 사람들에게 기획을 가르치며
그 사람들이 내는 해결책의 단서들을 귀담아 들으며
내가 느낀 것은
사람은 자신의 그릇의 모양대로 사고하고 해결하려 한다는 것이다.

해결책도 결국 한 사람의 머릿속 생각에서 출발한다.
생각은 그 사람이 만든 잔의 모양을 넘지 못한다.
그 잔의 모양을 흔히들 성향이라고 말한다.

성향은 어제까지의 그 사람이 살아온 삶,
그 삶의 총체적인 결과로 만들어진 지문과도 같은 것이다.
그 지문의 모양은 각각의 다른 해결책을 제시한다.

둥근 잔은,
네모 모양을 담을 수 없다.
생각은 그 사람의 잔의 모양을 넘지 못한다.

#06 / (1) 좋은 해결책에 대한 귀납법적 사고, 관점

"아무것도 전하지 않고 전달하는 것,
그것이 불가능하기에 최소한의 메시지로 전달하는 것,
전 광고는 그래야 한다고 생각해요"

불교를 믿고, 버림과 단순함을 좋아한다는 동생이
술자리에서 내게 건넨 말이다.
내가 본 최고의 카피 중 하나는 그 친구의 손에서 나왔다.
그가 가족 간의 소통을 위한 커뮤니케이션 전략에서 만든 해결책은
세 글자였다.
'ㅋㅋㅋ'
정확히는 세 글자가 아니라, 세 자음이었다.
이 카피로 그는 다음과 같은 광고 내용을 구상했다.

옷이 더러워져서 집에 들어온 아이에게 당신은 무슨 말을 하겠습니까?
"너, 어디서 놀았길래 옷이 이렇게 더러워졌어."

기획에서 기획을 덜어내라

아이는 주눅 들어 아무런 말도 못할 것입니다.

"너, 어디서 놀았길래 옷이 이렇게 더러워졌어. ㅋㅋㅋ"

아이는 신이 나 오늘 있었던 모든 놀이를 재잘거릴 겁니다.

소통이란 이런 것입니다.

말 끝에 점 하나를 찍는 것과 ㅋ 하나를 찍는 것!

그 작은 것의 차이가 만드는 놀라운 변화!

내게 이 해결책은 하나의 충격이었다.

광고 기획서를 써야 했던 대회에서

쟁쟁한 경쟁자들이 수십 장의 기획서로 설득을 시도할 때

그는 단 세 장짜리 기획서로 은상을 받았다.

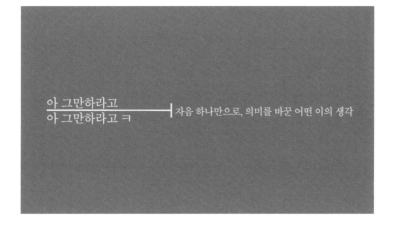

#06 / (2) 좋은 해결책에 대한 귀납법적 사고, 관점

일상적인 마케팅의 기발함은
평범함에서 시작된다고 입버릇처럼 말하는,
익숙하지만 잊고 있었던 것들,
그런 것들에 사람은 움직인다고 말하는 후배가 있다.
삼성생명 마케팅부를 다니다 그만두고,
지금은 서울대학교 MBA 과정을 밟고 있는 그에게
회사에 다니며 가장 기억에 남고 만족했던
마케팅 전략을 말하라고 하니
'마포대교 생명의 다리' 이야기를 한다
자살자가 워낙 많아 시작된 프로젝트,
다리의 난간에 글자를 새기는 단순한 프로젝트!
'많이 힘들었구나'
'밥은 먹었어?'
'오늘 하루는 어땠어?'
흔하디 흔한 말들, 그 말에 전해지는 진심이 담긴 위로들…

기획에서 기획을 덜어내라

프로젝트 실행의 성공 여부에는 지금도 이견이 있지만
많은 상을 수상하고, 많은 이들에게 전해진 이 프로젝트에는
그 후배의 마케팅을 대하는 자신만의 철학이 녹아 있었다.

"마케팅이요? 그걸 더 잘 알려고 MBA까지 듣고 있는데
본질은 결국 원래 알고 있던 거더라구요.
마케팅을 어떻게 해야 할지에 대한 고민이 아닌
나는 마케팅을 어떻게 정의 내릴지에 대한 고민, 그 한 가지!"

평범함으로부터 생명을   이어주는 다리를 발견했던 어느 이의 철학

#06
/(3)

좋은 해결책에 대한 귀납법적 사고, 관점

해결책은 기획을 시작한 기획자의 제안이다.

그래서 어찌 보면 해결책은 지극히 개인적인 영역일지 모른다.

가뭄으로 흉년이 들었다는 문제를 놓고

누군가는 '비가 오지 않아서'라며 기우제를 지내고

누군가는 '물이 부족해서'라며 수로를 만든다.

누군가는 '농작물이 약해서'라며 슈퍼옥수수, 슈퍼감자를 만든다.

각자가 다른 답을 내는 것은

문제와 해결책을 바라보는 시선들이 다르기 때문이다.

각자의 시각을 '관점'이라고 부른다.

해결책이 각자의 시각에 맞추어 만들어진다면

결국 해결책의 시발점은 자신의 관점으로부터 출발한다.

어떠한 것을
보려 하는가
자신의 관점

#06 좋은 해결책에 대한 귀납법적 사고,
관점
(4)

그렇다면 여기서 묻고 싶다.

자기 관점에 필요한 자기 생각은 각자 하고 있을까?

<u>자기 관점이란 세상과 사물을 해석하는</u>

<u>자신만의 시각을 의미한다.</u>

<u>해석의 영역이란 곧 사고의 영역이며,</u>

결국 자기 관점을 만들기 위해서는 자신의 생각이 필요하다.

자기 생각을 해야 한다.

이 말에 대부분은 비웃음을 보일지도 모르겠다.

세상에 자기 생각이 없는 사람이 어딨냐며 말이다.

여기에 의미를 좀 더 구체화시키면 당연한 이 말이 다소 복잡해진다.

데카르트의 말처럼 누구나 다 자기만의 생각이 있다. 존재하기에!

하지만 이렇게 물어보자.

그 생각은 자기로부터 출발했는가, 타인으로부터 강요 받았는가?

지금이 일제시대냐며, 누가 생각을 강요하냐고 반문할 수도 있겠다.

'강요'라는 말을 다시 바꾸어보자. '주입'이란 단어로 말이다.

타인으로부터 생각을 주입 받는다는 의심,

단 한 번도 해본 적이 없는가?

우리는 이미 판단과 가치마저 교육 받고 주입 받는 시대에 살고 있다.

정치, 문화, 미디어 등 다양한 권력들은 이미 그걸 알고 있고,

그것으로 우리를 충분히 이용하고 있다.

자기 생각을 주입 받는 시대!

그래서 자기 생각을 가지기 참 힘든 시대,

그것이 지금의 시대다!

Freedom or Framing
누군가는 각자의 생각이 자유로운 시대라 말하고,
혹자는 누군가의 선동이 가장 쉬운 시대라 말한다.

#06 / (5) 좋은 해결책에 대한 귀납법적 사고, 관점

'생각을 주입 받는 시대에 살고 있다'는 이 불편한 말을
의심하는 여러분들에게 한 폭군의 이야기를 들려주고 싶다.

히틀러는 권총 자살로 생을 마감하기 전까지 독재를 한 적이 없다.
언제나 국민투표로 선출되었다.
그 시절 발달한 것은 군중심리, 군중세뇌였다.
석양을 등지며 연설하여 후광효과를 노리거나
마이크에 중저음의 잡음을 섞어 판단력을 흐르게 만들었던 것은
이미 유명한 이야기다.
사람들은 주입되고 세뇌되었지만,
자기 판단이라고 믿으며 히틀러를 뽑았다.
이것이 비단 과거의 일일까?
자동차를 사려 할 때 대형차를 바라보는 생각은 두 가지다.
'안전할 것이다' VS '유지비가 많이 들 것이다'
이때 '기름값 연이은 폭등, 사상 최대치'라는 기사를 보게 되면

'대형차는 역시 기름값이 많이 들겠군'이라고 생각하게 될 것이다.

하지만 '10중 추돌사고, 마티즈 4명 즉사'라는 기사를 본다면

'역시 차는 안전이지, 대형차가 좋겠어'라고 생각하게 될 것이다.

이 예시에 공감한다면 이 말을 인정해야 한다.

인간의 생각과 판단은 외부의 조작으로 만들어질 수 있다.

에드워드 홀이 말한 고맥락 문화에 속해 있는 우리는

이런 프레이밍이 보다 용이하다.

댓글 조작단, 페이스북을 이용한 선동, 수많은 찌라시…

그런 프레이밍의 홍수 속에

자기 생각의 순수성을 과연 자신있어 할 수 있을까?

이 생각의 틀이
당신의 것이라
확신할 수 있는가

#06/(6) 좋은 해결책에 대한 귀납법적 사고, 관점

그렇다면

자기 생각에 대한 확신은 무엇으로 얻을 수 있을까?

'<u>뿌리 확인</u>'이라고 나는 생각한다.

자신의 생각을 말로 정리하기 전에 스스로에게 물어보는 것,

지금 이 생각이 어디에서 출발한 것인지 그 뿌리를 확인해 보는 것,

그 뿌리에 자리잡은 생각의 근거가 명확한지

생각의 논리에 흐트러짐이 없는지

그 근거와 논리에 본인 스스로는 동의하는지를 확인해 보는 것.

주변 사람들의 의견과 주장을 들을 때 내가 자주 묻는 질문은

'왜 그런 생각을' 혹은 '왜 그런 판단을 했는가'이다

그 판단의 근거를 들여다보고 다시 질문한다.

'그 근거에 대해 본인은 자신하는가?' 혹은 '확신하는가?'

몇 번의 질문을 하다 보면

많은 사람들이 자신의 생각에 명확한 확신을 하지 못함이 드러난다.

기획에서 기획을 덜어내라

생각의 뿌리에 대해 확언할 수 있기란 결코 쉽지 않다.

쉽지 않기에, 이를 통해 확인해 볼 수 있다.

이 생각이 내 것인지, 아니면 주입된 타인의 것인지 말이다.

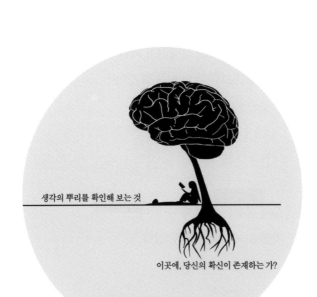

생각의 뿌리를 확인해 보는 것

이곳에, 당신의 확신이 존재하는 가?

#06 좋은 해결책에 대한 귀납법적 사고,
관점
(7)

지금 우리는 기획에 대한 이야기를 하고 있다.

그 중 해결책에 대한 점의 영역에 대해 이야기를 하고 있다.

해결책에 자기 관점이 필요한 것은 분명하지만

해결책이 세상을 바꾸는 큰 전향점이 되어야 하는 것은 아니다.

옛 현인들이 겪었던 그런 깊이 있는 과정이

모두 필요한 것은 아니라는 소리다.

기획에서 필요한 자기 관점은

타인의 깊이에 대해 이해하는 작업으로도 충분하다.

"소크라테스와 점심을 함께 할 수 있다면

애플의 전 자산을 지불할 용의도 있다."

스티브 잡스의 이 말에서

타인의 깊이를 이해하는 것에 대한 중요성을 알 수 있다.

타인의 깊이, 즉 그들이 만들어 놓은 학문적 시각을 이해한다는 것은 세상을 바라보고 해석하는 하나의 시각이 새롭게 생성됨을 의미한다.

하나의 사건은 바라보는 시각에 따라 전혀 다르게 해석된다.

생활고로 자살할 수밖에 없었던 너무나 슬픈 그 사건에 대해

경제학자는 그로 인해 발생하는 사회적 손실과 극복책을 말할 것이고,

종교학자는 이런 비인간적 상황에 대한 정신적 구원을 말할 것이고,

정치학자는 이 비극이 다시 발생하지 않을 정책을 제안할 것이다.

이런 다양한 학문을 통해 그 시각으로 문제를 바라볼 수 있다는 건

자신에게 현상을 해석하는 다양한 시각이 있음을 의미하고

그러한 시각들이 모이면 결국 자신의 관점이 된다.

그것만으로도,

기획에 주어지는 어떠한 문제라도

자신만의 해석이 가능하게 되며,

그 해석을 통해 해결책의

실마리에 접근할 수 있게 된다.

타인의 깊이를
들여다 보다

#06
좋은 해결책에 대한 귀납법적 사고, 관점
(8)

이런 질문을 들은 적이 있었다.

"20대에 한 일 중 가장 잘한 일과 30대에 하고 싶은 일은 무엇인가?"

나는 다음과 같이 대답했다.

"20대에 가장 잘한 일은 5대 학문의 기본을 이해한 것이다."

"30대에 가장 하고 싶은 일은

이 중 자신 있어 하는 학문 하나를 만드는 것이다."

'사회학' '정치학' '종교학' '인문학' '경제학'

본인이 기획자로서의 인생을 살기를 원한다면

이 다섯 가지 학문에 대해 최소한의 기본은 이해하고 있어야 한다.

좋은 해결책이란 앞서 말했던 법칙과 이론에서 나오는 것이 아니라

본인이 가지고 있는 지식과 앎의 깊이에서부터

출발하기 때문이다.

분명 이 깊이를 얻는 일은 쉬운 일이 아닐지도 모른다.

여타의 책처럼 해결책을 이야기하며

단순하게 알려주지 못해,

쉬어 보이는 이론으로 알려주지 못해 미안함을 가지고 있다.

하지만 기획의 해결책이란, 타인을 설득하는 해결책이란,

결코 단순하거나 쉬운 일이 아닐 텐데….

그 방안이 단순하고 쉬운 몇 가지 틀에서 나온다는 말은

그 자체로 거짓임을 확신한다.

한두 번 써먹을 수 있는 것이 아니라면, 대충 하고 말 기획이 아니라면

본인에게 기획이 한 평생의 업이라 생각된다면

기획과 마케팅에 관련된 책을 찾기 전에

기획과 마케팅에 관련된 강연을 듣기 전에

가장 쉬운 인문학, 경제학 책 한 권을 먼저 들기를 권한다.

그렇게 조금씩 학문적 깊이를 알아가는 동안

그 어떠한 방법보다 훌륭히 해결책을 만드는 깊이가 쌓여갈 것이다.

필립 코틀러를 만나기 전에,
칸트를 들여다 보다.

#07
/(1) '무릎 탁!' 그 세 가지를 모은 하나의 단어, 통찰

좋은 해결책이란 매력적이며 가능성을 보여줘야 한다.

그런 해결책을 위해

지금까지 귀납법으로 알아본 요소를 정리하면 다음과 같다.

'좋은 해결책은 경험으로부터 나온다.'

경험에서 얻은 지혜는 다른 어떠한 것보다 강력한 힘을 가진다.

이를 위해 다양한 경험을 직간접적으로 체험하는 것이 필요하다.

'좋은 해결책은 성향으로부터 나온다.'

해결책은 개인의 주관이며 각자의 성향에 직접적인 영향을 받는다.

자신의 성향을 이해하고, 거기서 출발한 자신만의 방향을 찾아야 한다.

'좋은 해결책은 관점으로부터 나온다.'

문제는 어떠한 관점으로 바라보느냐가

어떠한 해결책을 만드느냐를 결정한다.

자기 관점을 위해서는

타인의 깊이를 이해하며 자기 생각의 확신을 얻는 연습을 해야 한다.

자신의 성향을 잘 알고,

여러 경험을 가졌으며,

깊이를 통한 관점까지 얻은 사람이라면

어떠한 문제든 매력있게 해결할 수 있게 된다.

그런 이는,

문제해결을 위한 잡다한 과정이나 법칙, 이론들로부터 자유로워진다.

그런 이는,

문제점 그 자체를 통찰할 수 있기 때문이다.

지금부터 알아보고자 하는 점의 영역, 그 마지막은 통찰이다.

```
                  P
        E         R
        X         O
        P         P         S
        E         E         I
        R         N         G
경험, 성향, 관점을 갖췄을 때 통찰은 일어난다   I  N  S  I  G  H  T
        E         I         T
        N         T
        C         Y
        E
```

#07
(2)

'무릎 탁!' 그 세 가지를 모은
하나의 단어, 통찰

엘리베이터가 처음 나왔을 때 사람들의 가장 큰 불만은 속도였다.

속도라는 문제를 해결하기 위해서는

많은 돈과 시간이 필요했다.

오티스를 포함, 다양한 제조회사들이

이 문제를 해결하기 위해 골머리를 앓았다.

하지만 정작 이 문제를 해결한 건 한 엘리베이터 관리인이었다.

전문적인 기술도, 돈도 가지지 못했던 그녀는

아주 간단하게 이 문제를 해결했다.

'엘리베이터 안에 거울 설치'

사람들이 엘리베이터가 느리기 때문에 불만이 있는 것이 아니라

엘리베이터 안에서의 시간이 낭비되고 있다고 생각하기 때문에

불만이 생긴다는 것이었다.

시간의 양적 가치가 아닌 질적 가치에 대한 사고의 전환,

통찰이란 이런 것이다.

문제의 본질을 꿰뚫을 때 전에 없던 해결책이 탄생한다.

그런 해결책은 항상 매력적으로 보이게 된다.

해결책을 매력적으로 만드는 힘,

그것이 통찰의 힘이다!

#07 / (3) '무릎 탁!' 그 세 가지를 모은 하나의 단어, 통찰

통찰은 특별함이 아니라 반걸음 앞섬이다.

통찰의 성질을 가장 잘 표현하는 이야기는 콜럼버스의 달걀이다.

누구나 달걀을 세울 순 있지만,

콜럼버스가 하기 전에는 미처 몰랐던 생각.

기획의 통찰은 듣는 이로 하여금

'나는 절대로 저런 생각을 못할 거야'가 아니라

'내가 왜 저런 생각을 진작 못했지'를 느끼게 만드는

딱 반걸음을 앞서가는 생각이다.

애플은 삼성을 카피캣이라 비웃으며

절대 자신들을 이길 수 없는 이유를 다음의 한마디로 설명했다.

'삼성이 시장을 분석할 때, 애플은 시장을 통찰한다.'

최초의 개인용 컴퓨터를, 최초의 터치패드를 시장에 선보인

애플은 제조사가 아니다.

그래서 애플은 제품 제작의 대부분을 내부가 아닌 외부에서 빌려온다.

그런 애플이 늘 시대를 앞서갈 수 있었던 것은

전에 없던 새로운 기술의 개발이 아닌

기술과 기술의 결합을 통한 생각의 전환이다.

이미 다른 곳에 존재하던 기술에 대한 영역의 전환.

왜 이미 있는 컴퓨터를 개인용으로 만들 생각을 못했지?

왜 터치 화면 기술을 모바일 기기에 적용할 생각을 안했지?

마케팅의 통찰은 이렇듯

사고든, 영역이든, 기술이든,

딱 반걸음 앞서갈 수 있는 전환점에서 시작된다.

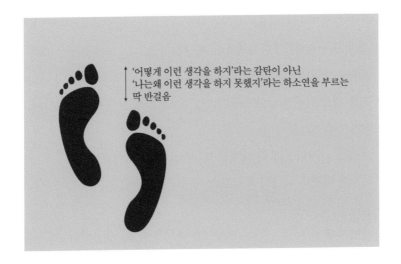

'어떻게 이런 생각을 하지'라는 감탄이 아닌
'나는왜 이런 생각을 하지 못했지'라는 하소연을 부르는
딱 반걸음

#08
(1)
통찰을 만드는 네 가지 습관, 집착 혹은 관찰

누구나 스토커를 두려워한다.

스토킹이 두려운 여러 이유 중 하나는

상상할 수도 없는 방식으로 본인을 집요하게 감시하기 때문이다.

"7시, 자동차 보닛이 평소보다 덜 식었던데 늦게 들어왔나봐요?"

"가로등에서 현관까지 오늘은 스무 발자국, 발자국 간격은 1.5초,

소리 약간 무거움, 평소보다 천천히, 힘 없이 걸으셨네요.

안 좋은 일이 있었나요?"

"그 마트는 A제품보다 B제품이 더 괜찮아요.

영수증 보니까 A제품을 샀더라구요."

"도윤 씨를 위해서 당신이 구매하는 제품군을 모두 사서 먹어봤으니

믿어도 좋아요^^"

이런 몇 가지의 스토킹 사례만 보더라도 소름이 끼친다.

하지만 이것도 하나의 통찰로 볼 수 있지 않을까?

어찌 되었건,

기획에서 기획을 덜어내라

내가 생각지도 못한 방식으로 나에 대해 감시했다는 의미니까!

그런 방식으로 나를 분석하게 만든 힘은 어디에서 나올까?

바로 집착에 가까운 관찰과 분석을 통해 나왔다.

해결을 통찰하는 방법은 문제 그 자체에 집착하는 것이다.

집착이란 단어가 불편하다면 집요한 관찰이라고 표현해도 무방하다.

집착은 몰입을 만들고, 사고를 무한으로 확장시킨다.

그렇게 확장된 사고 안에서 통찰의 시점이 발견된다.

대상에 대한 몰입된 관찰은
대상의 숨겨진 모습을 발견하게 만든다.

통찰을 만드는 네 가지 습관,
집착 혹은 관찰

기네스의 초창기, 시장의 반응은 신통치 않았다.

문제해결을 위해 마케터들은 직접 술집으로 찾아가

사람들을 관찰하기 시작했다.

하염없이, 무작정, 꽤나 많은 시간을 말이다.

어느 날 발견한 것은 다른 맥주와는 달리

기네스의 경우 맥주를 주문하면

바텐더가 잠시 기다렸다 먹으라고 이야기를 한다는 사실이었다.

"흑맥주니까요. 입자 자체가 무거우니 거품이 올라오고 풍미가 생기는데 시간이 걸리거든요. 손님들은 귀찮아 하죠. 아무래도 여긴 남성적인 손님이 많이 오는 곳이니…"

단점이라 생각할 수 있는 기네스 맥주의 이러한 특성을

그들은 장점으로 변화시켰다.

기다림을 바꿀 수 없다면 기다림 자체에 가치를 부여하자라고 말이다.

그렇게 탄생했다.

기네스 역사에서 가장 성공한 광고 마케팅 슬로건이…

'맛있는 맥주엔 시간이 필요하다!'

광고 공모전이 한참인 시절, 나는 말 그대로 광고에 미쳐 있었다.

최소한의 자는 시간을 제외하면 하루의 대부분을 광고에 할애했다.

100kg에 가깝던 몸무게는 58kg까지 빠졌다.

식욕보다 앞선 기획에 대한 집착이 있었기 때문이었다.

그 시절, 열정이 있었냐라는 질문에는 자신이 없다.

하고 싶은 순간보다 하기 싫은 순간이 더 많았으니까.

그럼에도 불구하고 손에서 기획서를 놓지 않았던 것은

열정의 힘이 아니라

집착이 만든 중독의 힘이었다.

중독은 끝을 보기 전에는 헤어나올 수 없으니까.

그 끝에는, 언제나 만족할 만한 해결책이 있었다.

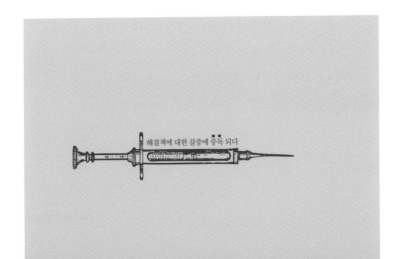

해결책에 대한 갈증에 중독 되다

#09 통찰을 만드는 네 가지 습관, 대화
(1)

"가만히 생각해 보면 억울한 것 같아요.

임신은 남녀 두 사람이 하는 건데

피해는 여자가 훨씬 많이 받으니까요.

미혼모란 단어는 익숙해도 미혼부란 단어는 익숙하지 않잖아요."

콘돔 사용 권장을 위한 공익광고를 고민하던 중

아이디어가 나오지 않아 잡담을 하던 중 팀원이 했던 이 말 한마디!

문득 그 익숙하지 않음이 뇌리를 스쳤다.

워드를 켜고 글자를 적어보니 재미난 사실을 알게 되었다.

미혼모를 워드에 입력할 때와는 달리

미혼부를 입력하니 문장이 틀렸음을 알리는 빨간 밑줄이 나왔다.

워드조차도 미혼모는 문법상 맞는 단어,

미혼부는 문법상 틀린 단어로 인식하고 있었다.

여기에 콘돔이란 물건의 도구적 특성을 결합시켜 보았다.

'미혼모는 있어도 미혼부는 없는 세상, 안타깝지만 현실입니다.

콘돔은 남자가 사용하지만 여자를 위한 물건입니다.

당신을 위해, 당신이 먼저 말하세요.'

콘돔에만 매몰되어 있던 내게

콘돔을 둘러싼 사회의 시선을 통찰하게 해준 건

<u>회의나 분석이 아닌 어느 잡담 속에 나왔던 대화였다.</u>

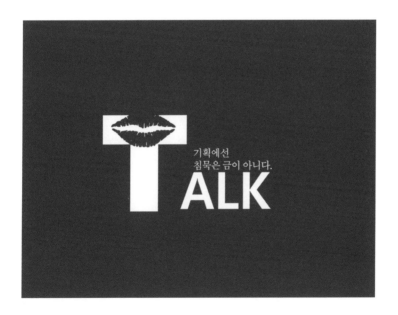

#09
(2)
통찰을 만드는 네 가지 습관, 대화

다음은 어느 기획사에서 실제로 있었던 잡담의 일부이다.

"무슨 생각을 그렇게 하고 있냐?"
"우리 와이프가요, 입이 길어서 이것저것 다 잘 먹었거든요.
그런데 임신을 하더니 무조건 비싼 거,
무조건 좋은 거만 먹으려는 거예요. 남편 월급도 적은데 말이죠.
가끔 한 소리를 하면 버럭 화를 내요.
'야! 내가 먹냐! 애가 먹지!'라며 말이죠."
"…. 야, 그걸로 가자."
"네?"
"이번 광고, 방금 그걸로 가자고."

최초로 광고에 태아를 출연시킨 광고, 그 슬로건은
'생명이 마십니다. 그래서 깐깐합니다.'
실제 부부의 출산 과정을 그대로 담아낸 장기간의 프로젝트.

논란도 있었지만 많은 상을 받고 성공한

웅진 코웨이의 광고전략은 이렇게 만들어졌다.

현업에 있으며 우스갯소리로 자주 들었던 말 중 이런 말이 있다.

'성공한 광고는 회의보다는 술자리에서 만들어진다.'

술자리에는 있지만 회의에는 없는 것, 그것은 대화다.

대화에서 어느 누군가의 생각지도 못한

말 한마디가 통찰을 담을 때가 있다.

그런 말에서 해결책이 시작되는 경우를 나는 많이 보았다.

성공한 캠페인을 기획했던 사람들의 인터뷰 내용만 찾아 봐도

생각보다 많은 기획자들이

해결책의 단초가 대화로부터 나왔다고 이야기한다.

#09 / (3) 통찰을 만드는 네 가지 습관, 대화

"다양한 사람들의 다양한 의견 공유는

다양한 해결책이 아닌 하나의,

하지만 더 나은 해결책을 만듭니다."

간디의 말이다. 나는 이 말에 전적으로 동의한다.

대화란 좁게는 말과 말이 만나는 자리이지만

넓게 보면 생각과 생각이 만나는 자리이다.

문학의 구조주의에서는

'생각과 생각이 부딪쳐 깨진 자국을 통해 생각은 확장된다'고 말한다.

타인의 말을 들으면서,

타인의 생각이 자신의 생각의 벽을 깰 때

그렇게 깨진 틈이 앙드레 지드의 〈좁은 문〉이 될 때가 있다.

그 문을 나설 때 그 전엔 못했던 다양한 추측과 사고가 가능해지고

그 확장이 흐르고 흘러 도착하는 지점에 통찰이 있다.

대화하기를 주저하는 사람은 기획을 할 수 없다.
대화하기란 기획자의 의무다.

이 역시 그의 말이다.
'참된 대화 속에는 신의 지혜가 숨어있다'

M K Gandhi

통찰을 만드는 네 가지 습관, 통섭

BBDO의 최고기획책임자인 필 듀센베리는 자신의 저서에서
대통령 선거의 광고를 기획했을 당시의 상황을 이렇게 고백했다.

"어떠한 광고도 자신했던 나는 대통령 대선에선 헤매기를 반복했다.
대통령이란 지금까지와는 너무도 다른 큰 벽과 같았다.
그런데 놀랍게도 그 벽을 허물어준 건 레이건 대통령 본인이었다.
레이건 대통령은 고민하고 있는 우리에게 연락 없이 불쑥 찾아왔다.
그리곤 말했다.
'여러분은 비누를 파는 사람이죠? 그럼 비누를 봐야 할 것 아닙니까?
자, 여기 비누가 왔습니다.'
그 순간 모든 것들이 해결되었다.
대통령도 하나의 비누에 불과하다는 새로운 생각이 열린 것이다.
우리는 '또 다른 비누 광고의 한 종류'일 뿐인
대통령 광고를 훌륭히 완성했고, 그는 대통령이 되었다."

모든 도는 하나로 통한다.

지극에 이르면 모든 길은 결국 하나로 이어진다는 불교의 이야기다.

서로 이질적이고 합치될 수 없다는 생각은 하나의 관념에 불과하다.

그 관념을 허물 수 있을 때

허물어진 벽 너머에 해결책은 존재한다.

대통령과 비누가 다르지 않다는 생각,

이렇듯 관념의 벽을 기꺼이 허물 수 있게 하는 것,

그것이 통섭이다.

지극에 이르면 모든 도는 하나로 통한다.
기획에 있어 모든 생각과 분야에는 경계가 없다.

#10 통찰을 만드는 네 가지 습관, 통섭
/(2)

내가 본 가장 이질적인 기획팀은
카이스트 출신의 공학자들로 이루어진 기획팀이었다.
그들이 말하는 대국민 소통에 대한 기획안은 그야말로 충격이었다.

자연에서 발생하는 파동들,
서로 다른 두 파동이 합쳐지는 이론을 활용하여
인간의 관계를 새롭게 바라보는 제안을 했고,
그 제안은 수상을 했다.
시상식이 끝나고 그들에게 찾아갔을 때
그들의 이야기가 아직도 기억에 남는다.

"마케팅 초짜인 우리가 마케팅으로 접근하면
승산이 없을 거라 생각했어요.
이왕 할 거면 어설프게 배운 지식 말고,
우리가 가장 잘하는 분야로 마케팅을 해석하자라고 생각했죠."

기획에서 기획을 덜어내라

통섭이란 어쩌면 그런 것일지도 모른다.

이과와 문과를 강제로 합치는 것이 아니라

사회학과 종교학을 강제로 합치는 것이 아니라

서로 달라 합쳐질 수 없다는 생각에서 벗어나

각기 달라 보이는 두 가지를 관통할 수 있는 길 하나를 찾아내는 것!

그렇게 하나의 영역에 갇혀 있던 생각의 흐름이

다른 영역을 통해 이어질 때,

그것 자체가 하나의 통찰이 된다.

도저히 해결책을 발견할 수 없는 상황이 온다면

해결책이 없음이 아니라,

내가 너무 좁은 영역을 고민하는 것은 아닌지를 자문하는 것,

다른 영역의 책을 읽거나 자문을 구해보는 것,

그 과정이 통섭이고, 그 과정이 통찰의 과정이다.

통섭은 강제로 합치는 것이 아니라
서로 합칠 수 없다는 생각을 부수는 것이다.

THINK

#11 통찰을 만드는 네 가지 습관,
/(1) 모방

나는 개인적으로 일본을 좋아하지는 않는다.

정확히는 일본 정부를 좋아하지 않는다.

하지만 개인의 호불호를 떠나 본다면

일본은 재미난 것이 많은 나라이다.

1억 명의 시민이 아닌, 1억 명의 노예가 산다는 나라.

그래서 정체되고 고정적인 모습도 보이지만

동시에 세계 어느 곳보다 플러스 알파 정신이 강한

창조의 나라이기도 하다.

카레의 원조는 인도다. 빵의 원조는 유럽이다.

하지만 카레빵의 원조는 일본이다.

카레를 모방하고, 빵을 모방해 이를 합치니

일본만의 특산품이 탄생한다.

이런 일본의 모습은 마케팅에서도 흔하게 찾아 볼 수 있다.

심장 소리를 들려주었던 애플의 마케팅도

어느 의사의 치료법을 모방했다.

탐스의 1+1 CSR을 커피 회사가 모방하여
노숙자를 위한 프로젝트로 재탄생시켰다.

시장에 없던 새로운 것을 발견하는 방법 외에도
시장에 이미 있던 것을 차용해 새롭게 해석하는 방법도
통찰의 한 영역이 될 수 있는 것이다.

세상에 없던 새로운 것이 아닌,
존재하던 것들에 조금의 첨언을 가하는 것!

통찰을 만드는 네 가지 습관,
모방

모방이 가장 많이 쓰이는 곳은 예술의 영역이다.
화가의 성장과정에는 좋아하는 거장의 모방 행위가
포함되어 있는 경우가 많다.

'예술가는 모방하고 위대한 예술가는 훔친다.'

이 말을 통해 피카소는 모방을 통한 새로운 창조 행위를 역설했다.
프레드릭 제임슨은 여기에서 한 걸음 더 나아갔다.

'모든 글은 언어에 갇힐 수밖에 없다.
언어란 사회적 약속으로 이미 만들어진 것이다.
결국 모든 글은 언어의 옷장에서 잠시 빌려 온 모방품에 불과하다.
창조란 그래서 새로운 것이 아니라, 조합한 것에 불과해진다.'

이 둘을 모방해 마케팅은 말한다.

하늘 아래 새로운 전략이란 없다고!

거의 모든 마케팅 전략은 어딘가의 모방이다.

어디서 적용한 사례, 어디서 경험한 것들의 모방.

하지만 그것을 어떻게 하느냐로 표절과 통찰은 나뉘어진다.

기존의 것을 가지고 잠시 빌려오되,

어떻게 다름을 만들 것인가에 대한 고민.

글에서는 이를 낯설기 혹은 비틀기라고 표현한다.

했던 것을 그대로 가져오는 것이 아니라

했던 것들을 이해하고 약간의 다름을 넣어 새롭게 적용해 보는 것.

'일찍 일어나는 새가 벌레를 잡는다'를 행하면 성실한 자가 되지만

'일찍 일어날수록 먹힐 확률이 높은 벌레의 인생을 생각하면

사회주의자가 된다'는 생각. 그런 생각에서 통찰은 시작된다.

신화 속 모든 창조물들은
모방들의 결합으로 만들어진다.
새로움은
익숙했던 것들의 다른 결합으로 만들어진다.

#12 점의 영역의
마침표를 찍을 때

거듭 말한다.

점의 영역을 의미하는 해결책에는 정답이 존재하지 않는다.

방법을 알려줘야 하는 내가

답이 없음을 고백하는 것에 다시 한 번 사과한다.

하지만 해결책이 특정한 방법으로 만들어진다는 이야기는

그 자체로 거짓이기에

거짓을 차마 말할 수 없음도 이해해주길 부탁한다.

좋은 답은 특정한 방법이 아니라,

그동안 쌓여진 역량으로 만들어진다.

때문에 지금까지 한 이야기는

해결책을 만드는 방법에 대한 이야기가 아닌

해결책을 만들 수 있는 역량에 대한 이야기였다.

'무릎 탁!' 해결책을 위해서는

다양한 경험을 통해 만들어진 성향과

그 성향에 깊이를 더한 자신의 관점이 필요하다.

그 관점을 가지고
사물에 대한 지독한 집착,
타인의 생각을 받아들이는 대화,
영역의 벽을 허무는 통섭의 태도와
온고지신의 마음에서 출발하는 모방의 연습이 더해질 때
어떠한 문제를 대하든
딱 반걸음을 앞서가 사람들을 탄복시키고 설득시키는
통찰의 해결책은 완성된다.

이 해결책을 만들어 냄으로써
면의 영역에서 선의 영역을 지났던 기획은
점이라는 마침표를 찍으며 마무리된다.

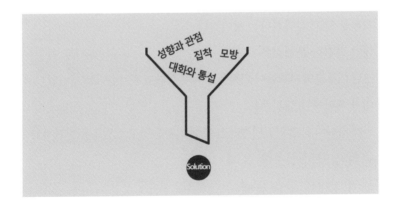

#13 하나의 기획을
마무리 지으며

어쩌면

지금 쓴 이 책도 큰 의미의 기획일지 모른다.

나의 관점이 있었고,

내가 분석한 상황이 있었으며,

문제점이 보였고,

이를 해결하기 위해 노력했다.

내가 분석한 상황은

많은 이들이 기획을 배우려 하고,

기획을 알고 싶어한다는 것이었다.

내가 발견한 문제점은

그런 대부분의 사람들이 기획을 알지 못한다고 착각한다는 것이었으며

내가 제안하는 해결책은

원래 자신이 하고 있었던 행동을 통해 기획을 하고 있었음을 발견하고

<u>면의 영역의 질문을 통해</u>

<u>선의 영역의 글을 통해</u>

점의 영역의 통찰을 통해

원래 알던 기획을 '좀 더 폼나게 만들자'는 것이었다.

기획은 설득을 이루었을 때 성공한다.

이 기획이 완벽했을까?

늘 그랬듯 기획 앞에서 아직도 난 망설인다.

지면이 부족해 말하지 못한 이야기가 있을 것이고,

지식이 부족해 밝히지 못한 이야기도 있을 것이다.

하지만 지금까지의 이야기로

기획을 시작하는 당신에게 조금의 변화가 있었으면 좋겠다.

기획을 바라보던 당신의 생각이 조금은 달라졌으면 좋겠다.

기획이란 것이 할 수 있는 것이라 생각되게 만들었다면 좋겠다.

조금의 변화, 그래서 조금의 설득.

그래서 내가 지금까지 했던 하나의 기획이 성공이었길 희망한다.

fin

당신에게 전하려 했던 이 공연이

유용함을 주는 성공이었길!

최종면접을 앞둔 A군의 점

이야기를 듣던 친구가 이런 생각을 말했다.

"너무 복잡하게 생각하는 거 아냐? 너가 말한 걸 들어보니 그 총무과라는 곳이 뭐 하는 곳인지는 잘 몰라도 딱 너 같은 사람 원하는 거 아냐? 거기는 서포팅하는 곳이라면서? 그럼 거기는 결국 들러리밖에 못하는 곳이라는 거네. 아무리 잘해도 스포트라이트는 못받고, 반대로 못하면 못하는 대로 욕만 먹는 그런 곳 말야. 그게 딱 너 아냐? 니 말대로 너 튀는 인생 안 살았잖아. 근데 니 주변에 나 포함해서 왜 이렇게 친구들이 많은지 아냐? 넌 안 튀니까, 넌 우리를 안 불편하게 하니까! 넌 뒤에서 늘 묵묵히 친구들 사이를 받쳐주는 역할을 해왔으니까! 동아리를 해도, 학생회 활동을 해도 넌 언제나 니가 나서서 뭐가를 하기보다는 누가 나서는 걸 서포팅해 주는 역할을 잘해왔잖아.

내 말은 총무 관련 이력만 따지지 말고, 그 직무가 가지고 있는 본질을 생각해 보자는 거지. 그렇게 생각해 보면 그 본질과 너는 맞닿아 있는 것 같은데? 조직생활이야 오히려 그런 너이기 때문에 당연히 잘할 걸 말할 수 있을 거고. 회사충성도야, 사실 그거 가지고 있는 지원자가 몇 명이나 있겠어? 이 두 가지만 잘 말해도 나머지 한 가지는 아사모사 넘어갈 수 있지 않겠냐?"

기획에서 기획을 덜어내라

"··· 계속 해봐, 그래서 뭐 어떻게 자기소개를 하라고?"

"음···. 아, 야 구두약 어떠냐?"

"구두약?"

"구두약 봐봐. 이거는 까매. 만지면 더러워져. 아무도 구두약을 중요하게 생각하지 않지. 하지만 말야, 구두약이 있어야지 세상의 모든 구두들이 반짝반짝 빛날 수 있잖아. 그게 딱 총무과가 해야 하는 일 아냐? 그게 딱 니가 살아온 인생 아냐?"

그렇게 A는 다음과 같은 자기소개를 만들었다.

"안녕하십니까! 구두약처럼 살아왔고, 이젠 ○○기업의 구두약이 되고 싶은 지원자 ○○○입니다. 구두약은 검습니다. 구두약을 만지면 쉽게 지워지지 않는 검은 때가 손에 묻습니다. 그래서 사람들은 구두약을 좋아하지도, 중요하게 생각하지도 않습니다. 하지만 구두약을 잡은 두 손이 더러워 질수록 누군가의 구두는 빛나게 됩니다.

지금까지 저는 구두약과 같은 인생을 살아왔습니다. 제가 나서서 무언가를 하기보다는, 맡은 자리에서 묵묵히 누군가의 빛남을 도와주는 역할을 했습니다. 학생회 활동도, 두 번의 교내 동아리, 한 번의 전국 동아리 활동을 하면서도 저는 언제나 그런 역할을 맡았습니다. 제가 지원한 총무과 역시 구두약과 같은 부서라고 생각했습니다. 아무리 잘해도 조명 받을 수 없는 부서, 한 가지라도 실수하면 욕은 욕대로 먹어야 하는 부서, 조직이 원활하게 움직이기 위해 모든 지원을 다해줘야 하지만 그 공을 인정받지는 못하는 부서, 그곳이 총무과였습니다. 하지만 저는 확신합니다. 조직원들이 당연하게 생각하는 그 편안함을 위해서는 우리 총무과와 같이 묵묵히 최선의 노력을 다해야 하는 부서도 있어야 한다고, 그리고 우리 부서로 인해 우리가 더 힘이 들수록, 우리 회사는 더욱 반짝반짝 빛날 수 있다고 말입니다.

저는 구두약으로 살아왔습니다. 그런 제가 이젠 ○○기업의 구두약이 되고 싶습니다. 사람들이 좋아하고 사랑하는 ○○기업이 만들어가는 모든 문화 콘텐츠의 빛남을 더해주는 묵묵한 구두약이 되고 싶습니다.”

이 사례는 우리가 컨설팅해준 한 학생의 실제 사례이다. 그 학생은 이 회사에 취업했으며 3년차의 빡센 사회생활을 해나가고 있다.

기획에서 기획을 덜어내라

모 기업의 대학생 대상 마케팅기획
(점의 영역)

회사원은 그때 취업설명회에서 만났던 어느 대학생의 하소연이 불현듯 생각났다.

"떨어뜨려도 좋은데, 최소한 이유라도 알려줘야 하는 것 아닌가요? 그래야 준비를 하죠."

연달아 오늘 한 커뮤니티에 올라와 엄청난 반응을 보였던 짧은 글도 떠올랐다.

'다섯 단어로 된 세상에서 가장 슬픈 소설

지원하신, 귀하의, 뛰어난, 역량에도, 불구하고'

이 두 가지를 기점으로 그 회사원의 머릿속에는 다음과 같은 생각이 터져나왔다.

'모든 대학생들의 가장 큰 관심사는 단연 취업이군. 그런데 돌이켜 생각해 보면, 취업이란 게 정말로 불공정한 게임이었네. 떨어진 사람에게는 떨어진 이유를 알려주지 않으니까 말야. 취준생들은 정말로 자기의 모든 걸 걸고 며칠을 고민하며 지원서와 자기소개서를 적었을 텐데, 모든 기업은 기준에 의해 나누기만 하고 복사 문자로만 불합격을 통보했었네. 그게 얼마나 원망스러웠을까? 그런 기업이 취업이다 머다 하며 취업설명회를 하며 번지르한 말만 하는 것이 또한 얼마나 가증스러웠을까?

대학생들이 진짜 원하는 것들 중에 우리가 해줄 수 있는 건 최소한 이런 노력에 대한 진심 어린 답이 아닐까? 떨어진 사람에게 무엇이 부족했는지, 어떠한 것들이 더 보강되면 좋을 건지에 대한 이야기를 한 명 한 명에게 해줄 순 없을까? 늘 복사 문자로만 통보받았던 그들에게 이런 이야기를 해줄 수 있다면 최소한 떨어진 사람이라 하더라도 그 진심에 고마워 하지 않을까? 그런 이야기라면 기꺼이 그들은 자신이 취업시장에서 처음으로 겪었던 '사람 대접'을 누군가에게 전해주지 않을까? 그 이야기라면 확산되지 않을까? 그럼 당연히 궁금해 하지 않을까? 도대체 어떤 기업이 이런 정성을 보였냐면서 말야. 그럼 자연스럽게 우리 회사에 대한 호감도가 올라가지 않을까?'

해결책 : 상반기 취업 시즌 이후, 탈락한 사람들 전체에 대한 이력서 컨설팅 및 이를 통한 바이럴 콘텐츠 제작

기획에서 기획을 덜어내라

이 전략은 실제로 광고회사에 근무하며 ○○은행에 제안했던 전략이다. 비용 및 과정에 대한 현실화 검증은 끝냈으나, 끝내 이 전략이 채택되지는 못했다.

그리고 몇 년이 지나, 어느 기업의 인사담당자가 탈락자들에게 보낸 진심 어린 문자 한 통이 커뮤니티를 통해 확산되었다. 그 문자에는 내가 제안한 개별성도, 컨설팅도 없었지만 최소한 그 문자를 보낸 사람이, 많은 이를 뽑지 못한 것에 대한 죄송함, 그리고 진심 어린 응원의 메시지가 묻어 있었다.

그것만으로도 사람들은 그 문자를 기꺼이 바이럴시켜 주었고, 결국 기사로까지 나게 되었다. 그 기업에 대한 호감도는 물론 크게 올라갔다.

치킨집의 판매전략기획
(점의 영역)

사장님은 기존에 유지된 단골들과 지속적인 대화를 해나갔다. 그리고 그 중 한 가정에서 이런 이야기를 들었다.

"우리 집은 애기들이 어려서 항상 순살치킨을 시켜 먹는데, 아무래도 저는 '닭은 뼈째 먹어야 된다' 주의거든요. 그런데 근처 치킨집 메뉴를 봐도 순살세트, 뼈 있는 두 마리 세트는 있어도 두 개가 결합된 세트는 없더라구요. 좀 아쉬워요. 근데 막상 세트 시키려고 해도 둘 다 한 마리 양을 먹기는 부담스럽기도 해요. 그냥 뭐랄까. 중국집 군만두처럼 곁다리가 있으면 좋겠어요. 순살 한 마리 시키면 뼈 한두 조각 끼워주는 뭐 그런?"

닭 한 마리 파는데 별걸 다 요구하는군, 누군 땅 파서 장사하는 줄 아나라고 속으로 생각이 들었지만 곱씹어 생각해 보니 그 사람의 말에는 사람들의 욕구가 있었다.

아파트 지역이고, 고정인구가 많다는 것은 그만큼 가족 단위가 많다는 의미다. 신도시이기에 젊은 부부 혹은 어린 자녀를 둔 부부가 대다수를 차지하고 있었다. 치킨을 시킬 때 어린 아이가 있는 부부들은 으레 순살치킨을 시키곤 한다. 하지만 그들 중에는 이 손님처럼

기획에서 기획을 덜어내라

뼈 있는 치킨을 원하는 사람들도 있을 것이다. 나 역시도 그러하니까. 반면 아이가 먹는 치킨의 양은 그리 많지 않을 것이다. 그럼에도 불구하고 아이를 위해 먹는 적은 양을 위해, 뼈 있는 치킨을 먹지 못하는 부모의 사랑. 여기에 답이 있지 않을까?

기존 가게들의 메뉴들을 봐도, 두 마리 세트 세 마리 세트를 파는 곳은 있어도 순살 뼈 콤보를 파는 곳은 없었다. 그리고 앞서 말한 것처럼 이런 세트를 팔더라도 둘 모두를 정량으로 먹기에는 부담이 될 것이다.

뼈 있는 통닭을 시켰을 때, 자녀를 둔 가정이라면 아이를 위해 순살치킨 조금을 곁다리로 주면 어떨까? 그럼 아이들도 편하게 먹을 수 있을 테고, 부모들도 뼈를 바르며 씹어먹는 즐거움을 원 없이 느낄 수 있지 않을까?

무엇보다, 자신의 가족 상황을 잘 이해하고 배려한다는 느낌을 받을 수 있다면 고마워하지 않을까? 그럼 다시 닭을 시킬 때 그곳을 찾지 않을까? 내가 해물찜 집의 단골이 되었던 것처럼 그렇게 그들은 단골이 되지 않을까?

사장님은 그날 제품 박스를 바로 변경했다. 기존의 박스에 조그만 공간을 추가로 만든 것이다. 그 후로 어린 아이가 있는 집을 기억해 두었다가 다시 주문을 받을 때 뼈 있는 치킨을 시키면 아이들이 먹을 순살을 곁다리로 준다고 귀뜸해 주었다. 이유는 아이 키우는 입장에서 자신이 아쉬웠던 점이 그런 것이어서 장사하는 입장에서 해결해 주고 싶었다는 말과 함께 말이다.

반응은 성공적이었다. 비록 많지 않은 양이라도 추가로 주는 것을 사람들은 좋아했고, 무엇보다 자신의 가족상황을 잘 이해하고 배려하는 사장님에게 고마움을 느꼈다. 단골고객은 전보다 더욱 늘어나게 되었고, 가게 매출은 6개월이 지난 시점에 200% 가까이 증가했다.

이후에도 여기서 배운 교훈을 잊지 않고, 아이 없는 젊은 부부를 위한 수제맥주 제공, 무 추가를 늘 시키는 가정을 미리 알아두었다가 추가요금을 받지 않고 무를 더 제공하는 등 단골들의 데이터를 기반으로 그들이 원하는 작은 요구를 '곁다리'로 주기 시작했다. 이런 노력의 결과 가게는 현재도 더욱 번창하고 있다.

이 기획은 3년 전 내가 컨설팅해 준 천안의 어느 치킨집의 실제 사례이다. 많은 것을 바꾼 것이 아니라 그간 몰랐던 작은 불편을 해소해 주는 것, 그것만으로도 결과는 크게 달라질 수 있으며 그런 작음

을 발견하는 것이 기획이라는 생각을 다시 한 번 하게 만들어준 사
례이다.

PART 06